아홉살
말습관
사전

아홉 살 말습관 사전

윤희솔, 박은주 지음 | 헬로그 그림

학교생활

슬기로운 어린이로 자라는 **28가지 말 이야기**

머리말

'친구의 제안을 거절하고 싶은데 어쩌지?'
'나도 모르게 욕을 해버렸네!'

학교에서 이런 고민을 한 적이 있나요?
여러분 혼자만의 고민이 아니에요.

선생님은 어떻게 말하고 행동해야 할지
갈팡질팡하는 초등학생 친구를 많이 만났고,

학교생활을 슬기롭게 하려면
말과 행동이 정말 중요하다는 걸 깨달았답니다.

사람의 마음과 생각을 나타내는 말에는
말하는 사람을 빛나게 만드는 힘이 있고,
반대로 나쁘게 만드는 힘도 있다는 것도요.

『아홉 살 말 습관 사전: 학교생활』은
여러분이 친구, 선생님과 잘 지내고,
즐겁게 학교생활을 하는 데 도움이 되는
28가지 이야기를 소개한 책이에요.

특히 학교에서 겪는 다양한 일들을
재미있는 만화와 이야기로 만나게 될 거예요.

조언을 읽고, 생각하고 실천하면서
말을 곱게 다듬어 보세요.

여러분의 말과 함께 마음과 생각도
바르게 자라나기를 응원합니다.

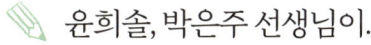 윤희솔, 박은주 선생님이.

차례

머리말 004

CHAPTER 1 우리끼리 통하는 말

- **01 줄임말** • 빠르게 말할 수 있으니 좋은 거 아닌가요? 012
- **02 별명** • 내 이름은 '얼큰이'가 아니라고요 016
  - 궁금한 게 있어요! 외모 평가를 하지 않는 연습을 해 봐요! 020
- **03 자음언어** • ㅇㅇ, ㄴㄴ 정말 편한 말인데 쓰면 안 돼요? 022
- **04 혐오 표현** • 나도 중2병에 걸릴까 봐 걱정돼요 026
- **05 방언** • 전학 온 친구 말이 너무 웃겨요 030
  - 궁금한 게 있어요! 전국의 맛깔나는 방언을 알아봐요! 034
- **06 은어** • 나만 모르는 말로 대화해요 036
- **07 모방** • 친구가 내 말을 자꾸 따라 해요 040

지금 제일 잘나가는 말

- ⑧ **유행어** • 유튜브에서 재미있는 말을 들었어요 046
- ⑨ **미디어 수용** • 광고 노래는 따라 부르면 안 돼요? 050
  - 궁금한 게 있어요! 광고를 볼 때는 세 가지를 기억해요! 054
- ⑩ **감탄사** • 헐, 대박, 깜놀이에요! 058
- ⑪ **게임 언어** • 게임할 때만 쓰는 말이 따로 있어요 062
- ⑫ **잘못된 유아어** • 애교 있는 말투는 왜 아기 같을까요? 066
- ⑬ **문자 언어** • 문자 메시지에 그림만 가득해요 070
- ⑭ **인터넷 예절** • 좋아하는 연예인 기사에 나쁜 댓글이 있어요 074
  - 궁금한 게 있어요! 인터넷에서는 더욱더 말조심! 078

CHAPTER 3 힘이 세지는 것 같은 말

⑮ **욕설** • 욕을 하면 왠지 힘센 사람처럼 느껴져요 **084**

⑯ **비속어** • 닥쳐! 이런 말 쓰면 안 된다고요? 열받게! **088**

> **궁금한 게 있어요!** 욕과 비속어는 말하는 사람과 듣는 사람 모두를 망쳐요! **092**

⑰ **험담** • 하지만 그 친구가 잘못한걸요 **096**

⑱ **상호 존중** • 화가 나면 "바보야!"라고 소리치고 싶어요 **100**

⑲ **성별 비하** • 왜 남자, 여자 나눠서 싸워요? **104**

⑳ **장애인 비하** • '꿀 먹은 벙어리'는 속담인데 왜 쓰면 안 되나요? **108**

㉑ **태도와 표정** • 화가 났으니 선생님 말은 듣지 않을 거예요 **112**

> **궁금한 게 있어요!** 때로는 태도와 표정이 말보다 중요해요! **116**

서로를 배려하는 말 `학교생활의 언어 예절`

㉒ **행동 습관** • 웃을 때마다 때리는 친구, 어떡하지요? **120**

㉓ **귓속말** • 나 몰래 무슨 이야기를 하는 걸까요? **124**

㉔ **의견 대립** • "이제 너랑 안 놀 거야!" 친구와 싸운 뒤 우울해요 **128**

㉕ **거절과 배려** • 친구의 제안에 싫다고 말해도 되나요? **132**

　`궁금한 게 있어요!` 모든 사람과 친해질 수는 없어요! **136**

㉖ **따돌림** • 게임에 안 끼워 주겠다는 친구의 말에 속상해요 **140**

　`궁금한 게 있어요!` 나를 괴롭히는 친구가 있다면? **144**

㉗ **목소리 예절** • 왜 장소에 따라 목소리를 달리 내야 하나요? **148**

㉘ **문자 예절** • 친구가 문자 메시지에 답을 안 해요 **152**

줄임말과 은어

유행어와 온라인 언어

욕설과 비속어

학교생활의 언어 예절

CHAPTER 1

우리끼리 통하는 말

줄임말과 은어

아홉 살 말 습관 사전

01 줄임말

빠르게 말할 수 있으니 좋은 거 아닌가요?

내 이야기를 들어 봐

문상, 생파….

문상은 문화 상품권, 생파는 생일 파티의 줄임말이래요.

신기한 '요술 말' 같아요.

줄임말은 재미있고 빠르게 말할 수 있으니 좋은 거 아닌가요?

하지만 무슨 말인지 도무지 모를 때도 있어요.

학원 숙제를 하고 검사를 받으면 칭찬 도장을 받아요.

도장을 10개 모으면 문상을 준다고 하는데 ….

나는 문상이 문처럼 생긴 커다란 상인 줄 알았어요.

알기 쉬운 말을 도무지 무슨 말인지 모르게 만드는

요술을 부리는 건 어쩌지요?

줄임말은 상황과 필요에 맞게 사용해요.

여러분도 줄임말을 많이 쓰나요? 생각해 보니 선생님도 줄임말을 쓸 때가 많더라고요. 예를 들면 대한민국을 '한국'으로, 서울특별시를 '서울'로 불러요. '경제'는 원래 '경세제민'(세상을 다스리고 백성을 구제함)이라는 말의 줄임말인데, 줄임말인 줄도 모르고 쓰고 있어요.

이렇게 우리가 평소에 쓰는 말에는 줄임말이 많아요. 오히려 본말보다 줄임말이 더 익숙한 경우도 종종 있지요. 그래서 선생님도 여러분이 줄임말을 쓰는 이유를 잘 이해할 수 있어요. 적은 노력을 들여 의미를 빨리 전달할 수 있는 장점이 있지요.

그런데 모든 사람이 줄임말을 바로 알아듣는 것은 아니에요. 줄임말은 그때그때 필요에 따라 생기기 때문에, 같은 나이, 같은 지역, 같은 문화권에 있는 사람끼리만 통할 때가 많지요. 만약 나이대가 다르거나 지역이 다른 사람들이 만나서 줄임말로만 대화한다면 어떻게 될까요? 아마 서로의 말을 절반도 알아듣지 못할 거예요. 지나치게 말을 줄이면 듣는 사람이 이해하지 못해서 설명해야 하고, 그러면 줄임말을 쓰지 않을 때보다 시간이 더 오래 걸리겠지요?

더구나 요새는 원래 뜻을 알아보지 못할 만큼 마구잡이로 줄여 쓰는 바람에, 듣는 사람이 여러분을 오해할 수 있답니다. 되도록 줄임말은 피하고, 줄임말을 사용할 때는 뜻을 정확하게 알고 쓰기로 해요!

품위 있게 말해요

여러분이 자주 사용하는 줄임말 중에 마구잡이로 줄여 써서 어른들은 이해하지 못하는 말이 있나요? 줄임말 대신 어떤 표현을 쓸지 써 봅시다.

내가 자주 쓰는 줄임말	앞으로는 이렇게 말할래요
열공해야지!	공부 열심히 해야지!

02 별명

내 이름은 '얼큰이'가 아니라고요

내 이야기를 들어 봐

교실 문을 열고 들어가자마자
상준이가 나보고 '얼큰이'래요.
화가 불끈 났지만, 당황해서 아무 말도 못 했어요.

며칠 전 TV 프로그램에서 본 얼굴 마사지 법이 생각나요.
턱을 쭉쭉, 볼을 꾹꾹.
얼굴 이곳저곳을 힘주어 주물러요.

나도 오늘부터 열심히 마사지하면
얼큰이 대신 예쁜 별명으로 불리겠지요?

엄마는 늘 나보고 예쁘다고 하시는데,
왜 상준이는 그런 말을 하는 걸까요?

외모에 관한 이야기는 칭찬도 조심해야 해요.

이런! 얼마나 속상할까요? 선생님도 어렸을 때 동그란 얼굴, 통통한 몸 때문에 친구들이 꽃돼지, 감자, 통통이라고 부르곤 했어요. 심지어 어른도 선생님의 별명을 불러서 화가 났죠. "귀여워서 그래."라는 말이 하나도 위로가 되지 않았어요. 그래서 별명 때문에 마음 상한 친구의 마음을 이해할 수 있어요.

들으면 기분 나쁜 별명만 있지는 않아요. 축구선수가 되고 싶은 친구에게는 '제2의 손흥민', 피겨 스케이트를 잘 타고 싶은 친구에게는 '소녀 김연아'라는 별명이 반가울 거예요. 척척박사, 똑똑이처럼 들으면 기분 좋은 별명도 있지요. 친한 친구끼리 애정이 담긴 별명을 부르는 일은 친구와 더 가까워지고 내 꿈을 키우는 데도 도움이 돼요.

하지만 소중한 자기 이름을 두고 듣기 싫은 별명으로 불릴 때는 정말 기분 나쁘지요. 특히 외모에 관해 이러쿵저러쿵 말하는 건 상대방을 배려하지 않는 행동이에요. 칭찬도 아주 조심스럽게 해야 한답니다. 칭찬도 상황에 따라 기분 나쁘게 여겨질 때도 있거든요. 아무리 친한 사이라도 외모에 관한 이야기는 꾹 참고, 하지 않기로 해요.

친구를 만나면 별명 대신 이름을 다정하게 불러요. 외모에 관한 말 대신 안부나 기분을 물어보세요. 할 말이 없다고요? 걱정하지 말아요. 친구와 눈을 맞추고 웃으며 "안녕?" 하고 인사하는 게 최고랍니다.

별명

품위 있게 말해요

다음의 상황이라면 여러분은 친구에게 뭐라고 말을 걸어 볼래요?

궁금한 게 있어요!
외모 평가를 하지 않는 연습을 해 봐요!

외모에 대한 말이 기분 나쁘게 여겨지는 건 그 말에 남을 평가하는 시선이 담겨 있기 때문이에요. 칭찬하는 건 괜찮지 않느냐는 친구들도 있는데, 칭찬 또한 외모를 눈여겨보고 우열을 가린다는 점에서 자유롭지 못하답니다.

안타깝게도 많은 사람이 일상적으로 외모에 대한 이야기를 쉽게 하곤 하지요. "살이 좀 찐 것 같구나.", "너는 곱슬머리라서 이런 머리핀은 안 어울려.", "키가 이렇게 작아서 어떡하니?"처럼 듣자마자 기분이 나빠지는 말을 하는 사람도 종종 있어요.

선생님은 이런 말을 들으면 "외모에 대한 이야기는 실례예요. 저는 제 외모에 만족한답니다."라고 적극적으로 대처한답니다.

우리는 모두 자신만의 아름다움을 가지고 태어나요. 말솜씨가 좋은 친구도 있고, 손재주가 있어 만들기를 잘하는 친구도 있지요. 운동

신경이 좋은 친구도, 노래를 잘 부르는 친구도 있어요. 외모에 집중한 나머지 이렇게 수많은 아름다움을 놓쳐서는 안 되겠지요. 외모에 대해 말하지 않는 연습이 필요한 이유랍니다.

➡ **외모 평가 대신 할 수 있는 말을 적어 볼까요?**

• 취미와 관심사 이야기

• 요즘 본 영화나 책 이야기

• 즐거웠던 여행 경험 나누기

• 반려동물에 관한 이야기

03 자음 언어

ㅇㅇ, ㄴㄴ 정말 편한 말인데 쓰면 안 돼요?

내 이야기를 들어 봐

신나는 종례 시간이에요.

선생님은 아침에 걷었던 핸드폰을 나눠 주세요.

핸드폰을 켜 보니 엄마의 문자가 와 있어요.

엄마는 항상 문자를 편지처럼 길게 써 주세요.

엄마의 문자를 보면 참 행복해요.

하지만 지금 친구들과 이야기하면서

바쁘게 학원 차를 타러 가고 있어요.

'ㅇㅇ', 'ㄴㄴ'

엄마도 내 마음을 알아주시겠지요?

상대의 기분을 생각하며 배려를 담아 문자를 보내요.

여러분도 바쁘다는 이유로 '응' 대신 'ㅇㅇ', '아니' 대신 'ㄴㄴ'을 쓰고 있진 않나요?

보통 ㅇㅇ, ㄱㄱ, ㄴㄴ 같은 메시지를 보내면, 그 메시지를 받은 사람은 '얘가 바쁘구나.', '알겠다는 뜻이지.' 하고 이해할 수는 있습니다. 하지만 가끔 바쁠 때뿐 아니라 항상 그렇게 대답한다면 '내가 한 말에 관심이 없나?', '나한테는 말 한마디 쓰는 시간도 아까운가?' 하고 서운한 마음이 들 수도 있어요.

사람의 마음은 아주 작은 일로도 돌아서고, 한번 돌아선 마음은 되돌리기가 어려워요. 문자 때문에 주변 사람들과 사이가 멀어지면 안 되겠지요.

자음 언어를 무조건 쓰지 말라는 뜻이 아니에요. 충분히 대화하고, 뜻을 전하고 난 다음에는 짧게 메시지를 보내도 돼요. 하지만 앞의 상황처럼 메시지를 길게 보낸 사람의 마음을 상하게 하는 성의 없는 메시지는 보내기 전에 한 번 더 생각해 봐요. 적어도 '고마워요.'라는 말이라도 덧붙여 쓸 수 있겠지요?

품위 있게 말해요

친구 건이가 마음이 담긴 메시지를 보냈어요.
여러분이라면 어떻게 답장할래요?
건이의 마음을 헤아리며 알맞은 말을 생각해 보세요.

04 혐오 표현

나도 중2병에 걸릴까 봐 걱정돼요

내 이야기를 들어 봐

오늘 국어 시간에
'병들어 가는 사회'라는 기사를 보았어요.

사춘기 때 선생님이나 부모님께 반항하고
자주 화내거나 우울해하는 사람들을
'중2병'에 걸렸다고 한대요.

'병'은 어딘가 아픈 사람을 뜻하는 말인데,
사람들이 모든 중학교 2학년 언니 오빠들을
미워하고 싫어하는 것 같아 속상해요.

나도 중학교 2학년이 되면
중2병에 걸릴까 봐 무서워요.

한 사람의 잘못으로 전체를 미워하면 안 돼요.

　여러분을 잘 알지도 못하는 사람이 이유 없이 여러분을 싫어하고 미워하는 뜻을 담아 부르면 기분이 어떨까요? 아무런 잘못도 하지 않았는데, 누군가가 나를 중학생이라는 이유만으로 '중2병'이라고 부르면 정말 억울하겠지요?

　이렇게 어떤 사람을 잘 알지도 못하면서 그 사람이 속한 집단을 싸잡아 미워하고 차별하는 뜻을 담아 부르는 표현을 '혐오 표현'이라고 해요. 국가인권위원회★가 우리나라 국민 1200명에게 혐오 표현을 하면 앞으로 사회가 어떻게 될 것 같은지 물어봤어요. 응답한 사람 중 81%가 혐오 표현이 범죄로 이어질 수도 있다고 응답했어요.

　말에는 힘이 있어요. 장난삼아 혐오 표현을 따라 하다 보면, 처음에는 아무 생각이 없었더라도 나중에는 정말 그 사람들을 싫어하게 되기가 쉬워요. 단순히 노인, 여자, 학생이라는 이유만으로 그 사람을 미워하면 어느새 그 사람을 공격하게 될 수 있어요.

★ **국가인권위원회**: 인권(사람의 권리)을 보호하고 향상하는 데 도움을 주는 국가기관

혐오를 당하는 사람이 내가 아니니 괜찮다고 생각해서는 안 돼요. 혐오는 언제나 옮아가며 넓게 퍼지는 성질이 있어서, 지금은 괜찮더라도 언젠가는 나 또한 혐오의 대상이 될 수 있거든요. 처음부터 혐오 표현을 일절 사용하지 않도록 마음을 다잡아야 해요.

앞으로 여러분이 살아갈 세상에는 다른 사람을 아끼는 마음을 담은 말이 더 많아지면 좋겠어요. 실제로 우리 사회에는 서로 돕고 사랑하는 사람이 훨씬 많으니까요.

품위 있게 말해요

다른 사람을 혐오하거나 차별하면 앞으로 어떻게 될지에 관한 질문에 우리 국민은 아래 그래프와 같이 응답했어요. 여러분도 혐오 표현의 가장 큰 문제가 무엇일지 생각해 보세요.

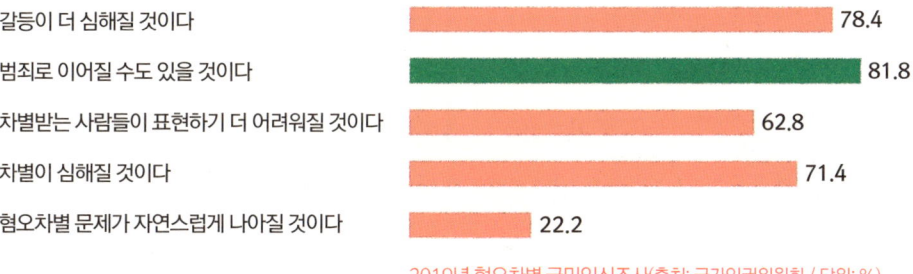

갈등이 더 심해질 것이다	78.4
범죄로 이어질 수도 있을 것이다	81.8
차별받는 사람들이 표현하기 더 어려워질 것이다	62.8
차별이 심해질 것이다	71.4
혐오차별 문제가 자연스럽게 나아질 것이다	22.2

2019년 혐오차별 국민인식조사(출처: 국가인권위원회 / 단위: %)

05 방언

전학 온 친구 말이 너무 웃겨요

내 이야기를 들어 봐

선생님이 전학 온 친구를 부르셨는데,

"지금 가유~"

내가 시간표를 알려 주니,

"뭐여?"

미술 시간에 색종이를 오리고 있는데,

"나도 오리게, 가새 좀 빌려 줘."

정말 재미있는 말을 하는 친구가 생겼어요.

선생님은 충청도 방언(사투리)이라고 설명해 주셨어요.

나는 처음 들어 보는 말투라

그 친구의 말이 너무 웃기고 신기해요.

표준어를 바르게 쓰고, 방언도 아껴요.

　충청도와 강원도에서는 '가새', 경상도에서는 '가시개', 전라도에서는 '가이', 황해도에서는 '가웨'라고 불리는 물건은 무엇일까요? 가위입니다. 같은 물건을 각기 다른 이름으로 부르면, 말이 잘 통하지 않을 거예요. 그래서 우리나라 사람들끼리 의사소통을 잘하기 위해 정한 것이 '표준어'입니다. 표준어를 "교양 있는 사람들이 두루 쓰는 현대 서울말"로 정하고 '방언 대신 표준어를 쓰자'라고 약속한 거지요. 교과서나 책은 주로 표준어로 쓰여 있어요.

　표준어와는 달리 어느 한 지방에서만 쓰는 말을 '방언'이라고 해요. 문학 작품, 영화, 텔레비전에서 방언을 한 번쯤은 보거나 들은 적이 있을 거예요. 방언은 우리에겐 낯선 말이라서 우스워 보일 수도 있고, 이해하기 어려우니 답답할 수도 있어요. 하지만 방언은 그 지역 사람들이 오랫동안 사용한 귀중한 문화랍니다.

　"떡국을 쑨다."라는 말을 들어 봤나요? 국은 끓인다고 하지 쑨다고 안 하지요. 그럼, 뭘 쑬까요? 맞아요. '죽을 쑨다'라고 하지요. 그런데 나이 든 전라도 어르신은 '떡국을 쑨다'라고 한대요. 왜냐면 옛날 전라도에서는 '떡국'이라고 부르지 않고 '떡죽'이라고 불렀다고 해요. '떡죽'만 표준어에 맞추어 '떡국'으로 바꾸어 말하게 된 거지요.

　방언은 박물관에서는 찾아볼 수 없는 우리의 전통문화를 알려 주는 귀중한 자료이지요? 표준어를 바르게 쓰고, 방언도 아끼는 국어 사랑 어린이가 되기로 해요!

방언

품위 있게 말해요

문학 작품이나 텔레비전 드라마에는 여러 가지 독특한 방언이 등장합니다. 주변에서 재미있는 방언을 찾아 적어 볼까요?

방언	지역	뜻
단디 해라이!	경상도	제대로 하렴!

전국의 맛깔나는 방언을 알아봐요!

궁금한 게 있어요!

서울이나 경기도에 사는 친구들은 아마 방언을 접할 기회가 적을 거예요. 하지만 다른 지역에 사는 친구들에게 방언은 너무나 친숙하고 정겨운 말이랍니다.

말의 높낮이, 즉 억양이 적은 표준어와 달리 방언은 특유의 억양에 리듬감이 더해진 것이 특징이에요. 그래서 처음 들으면 어색하게 느껴지지만, 조금만 익숙해지면 상황에 따라 문장의 의미를 쉽게 유추할 수 있답니다.

서로 달라 재미있는 우리 말 방언, 지역마다 어떤 말을 쓰는지 한번 알아볼까요?

➡ 방언의 가치와 의미를 생각해 봐요.

• 방언은 왜 생겼을까요?

• 뉴스는 왜 방언을 쓰지 않을까요?

• 표준어를 사용해야 할 때와 방언을 사용하면 더 좋은 경우를 생각해 봅시다.

표준어를 사용해야 할 때

방언을 사용하면 더 좋을 때

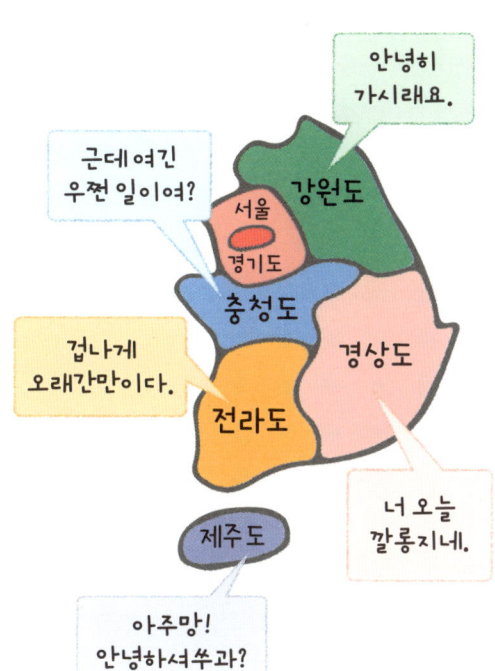

06 은어

나만 모르는 말로 대화해요

내 이야기를 들어 봐

매주 수요일은 준거집단 활동 시간이에요.
6학년 언니들은 항상 나랑 잘 놀아 주었는데,
언제부터인가 언니들은
내가 알아들을 수 없는 말로만 이야기해요.

언니들은 다이어리 꾸미는 게 취미인데,
다꾸 아이템들을 주욱 늘어놓아요.
떡메, 마테, 인스, 판스 ….

언니들이 무슨 뜻인지 알려 주기 전까지
나는 언니들이 다른 나라 말을 하는 줄 알았어요.

모두가
이해할 수 있는 말로 대화해요.

    우리는 뜻을 전하고 이해하기 위해서 말해요. '말'은 대화하는 사람 모두와 서로 통해야 가치 있어요. 친구끼리만 잘 통하는 말은 그 가치가 절반으로 줄어듭니다. 누군가가 소외감을 느끼게 하는 말은 좋은 말이 아니지요.

    여러분은 모두 나중에 사회로 나가서 다양한 직업을 갖게 될 거예요. 그런데 알고 있나요? 미래 사회에서 가장 중요한 능력 중 하나가 바로 '소통' 능력이랍니다. 사람들의 개성이 점차 뚜렷해지면서 다양한 사람과 소통하는 능력을 갖춘 인재가 필요하기 때문이라고 해요.

    세계를 이끄는 기업에서 가장 중요하게 보는 능력이 협업 능력, 즉 다른 사람과 어울려 조화롭게 일할 수 있는 능력이에요. 협업하려면 서로 말은 물론 마음이 통해야 합니다. 다른 사람을 배려하면서 말하는 태도는 필수이지요. 또래만의 은어를 사용하며 그 단어를 못 알아듣는 친구를 놀리거나 은근히 무시하는 행동은 옳지 않아요.

    지금부터 다른 사람을 배려하는 마음가짐을 갖도록 노력하는 건 어떨까요? 언젠가 태도가 습관이 되어 자연스럽게 배어날 때까지요!

친구가 쓰는 말이니까, 재미있으니까 은어를 사용할래요? 나이, 성별, 출신 지역과 관계없이 모두가 이해할 수 있는 친절한 말을 사용할래요? 선택은 여러분에게 맡깁니다.

은어

품위 있게 말해요

'우리끼리만 아는 말이라서 재미있는데 너는 왜 안 써?'라고 묻는 친구가 있다면, 뭐라고 말할지 써 보세요.

 자꾸 쓰다 보면 원래 말을 잊어버릴 것 같아서 그래.

 모두가 아는 말을 쓰는 게 더 좋지 않을까?

07 모방

친구가 내 말을 자꾸 따라 해요

내 이야기를 들어 봐

수업 시간에 발표하면 기분이 좋아요.

내 생각을 씩씩하게 발표하면

수업 시간이 참 재미있고 즐거워요.

선생님도 발표를 잘한다고 칭찬해 주세요.

그런데 자꾸 제 말을 따라 하는 친구 때문에

정말 속상해요.

제가 이야기하면 바로 따라 해서

놀림받는 기분이 들어요.

따라쟁이 친구도 자기 생각을

발표했으면 좋겠어요.

나다운 것이
가장 소중해요.

재미있거나 인기가 많아서 닮고 싶은 친구가 있을 때 어쩌면 나도 모르게 그 친구의 말을 따라 하게 될 수도 있어요. 어디 그 친구의 말뿐인가요. 그 친구가 가지고 다니는 학용품, 입고 다니는 옷이나 신발까지 따라 하고 싶은 마음이 들 수 있답니다. 이렇게 다른 사람을 따라 하는 것을 '모방'이라고 해요.

모방이 나쁘기만 한 건 아니에요. 심리학자들에 따르면 상대방의 행동을 자연스럽게 따라 하면 상대방이 나에게 친근감을 느낄 확률이 크다고 해요. 이런 현상을 '거울 효과(Mirror Effect)'라고 부르기도 한답니다.

하지만 생각 없이 다른 사람을 따라 하면 어떻게 될까요? 여러분은 매일 여러분만의 개성을 만드는 중이에요. 내가 좋아하고, 옳다고 생각하는 것이 무엇인지 신중하게 생각해 보고 자기만의 세상을 만들어야 해요. 그런데 친구가 하는 말이 재미있어 보여서 무작정 따라 하면, 여러분은 여러분만의 말의 세계를 만들 기회를 잃어버리겠지요.

다른 물건을 본떠서 만든 물건을 '모조품'이라고 해요. 아무리 비싼 작품을 본떠서 공들여 만들었더라도 모조품은 가치를 인정받지 못한답니다.

여러분의 말이 모조품이라면, 그 말에 가치가 있을까요? 여러분의 마음과 생각을 담는 그릇인 말을 '진품'으로 만들어 보세요. 세상에 하나밖에 없는 여러분만의 고운 말 그릇은 그 어떠한 모조품과도 비교할 수 없는 가치를 지닐 겁니다.

품위 있게 말해요

여러분이 닮고 싶은 사람이 있나요? 왜 그 사람을 닮고 싶나요?
그 사람에게는 없는 여러분의 장점을 찾아보세요.

줄임말과 은어
유행어와 온라인 언어
욕설과 비속어
학교생활의 언어 예절

CHAPTER
2

지금 제일 잘나가는 말

유행어와 온라인 언어

아홉 살 말 습관 사전

유행어

유튜브에서 재미있는 말을 들었어요

내 이야기를 들어 봐

이번 주는 원격 수업이에요.
학교 대신 집에서 영상으로 선생님을 만나요.
원격 수업 시간에
친구들이 유튜브에서 들었던 재미있는 말을 해요.

학교에서 수업할 때는 안 쓰던 말이
컴퓨터나 태블릿으로 수업할 때는
자꾸만 생각나요.

선생님께 감사 인사를 드리고 싶어서
채팅창에 '구독과 좋아요!'라고 적었어요.
유튜버들이 제일 좋아하는 말이거든요.

" 유행어에 여러분의 생각이 잘 담겨 있는지 생각하고 사용해요. "

유행어는 어느 한 시기에 여러 사람의 입에 오르내리는 말이에요. 유튜브나 텔레비전에 나오고, 사람들이 많이 사용하는 말을 쓰면 재미있습니다. 유행어를 따라 하면 친구들의 관심을 얻을 수도 있고, 모르는 친구에게 알려 주면서 나도 모르게 으쓱해지기도 하지요.

하지만 유행어를 사용하기 전에 세 가지를 꼭 생각해 봐야 해요.

❶ 말의 뜻을 정확하게 알고 있는가?

말에는 겉에 드러난 의미도 있지만, 드러나지 않은 뜻도 있어요. 어떤 유행어에는 어른도 깜짝 놀랄 만한 나쁜 뜻이 숨어 있기도 한답니다.

❷ 내 감정과 생각이 담긴 말인가?

유행어에는 여러분의 생각을 담기 어려워요. 다른 사람의 말을 그냥 흉내 낸 것일 뿐이니까요.

❸ 상황에 알맞은 말인가?

말은 상대방이나 때와 장소에 맞게 사용해야 해요. 유행어는 떠도는 말을 그대로 쓰는 거라서 상황에 맞지 않을 때가 많답니다.

유행어를 무작정 따라 하고 자주 사용하는 사람은 가벼워 보여서 믿음이 생기지 않아요. 자기 생각이 아니라 다른 사람의 말을 흉내 내는 사람이 믿음직스럽지는 않으니까요. 유행어를 사용하기 전에 꼭 세 가지 기준을 떠올려 보기로 약속해요!

품위 있게 말해요

여러분이 원격 수업이나 채팅을 하는 상황이라면 유행어 대신 어떤 말을 하면 좋을까요?

09 미디어 수용

광고 노래는 따라 부르면 안 돼요?

내 이야기를 들어 봐

기다리고 기다리던 체험학습 날이 되었어요.
엄마가 정성껏 싸 주신 김밥이랑 간식을
먹을 생각에 뛸 듯이 신이 나요.

친구들과 손을 잡고 공원으로 걸어가요.
선생님은 신나는 노래를 불러 보자고 하셨어요.

우리는 노래를 부르기 시작했어요.
"머리부터 발끝까지 비타100,
건강하고 씩씩하게 비타100!"
텔레비전 광고에서 많이 들었던 노래예요.

선생님도 같이 부르면 신나고 좋을 것 같은데,
수업 시간에 배운 노래를 부르자고 하세요.

" 광고 노래 대신 가사와 선율이 아름다운 노래를 불러요. "

광고에 나오는 음악은 귀에 쏙쏙 들어와요. 한 번만 들어도 기억나는 광고 노래는 TV를 볼 때마다 자주 나오니까 더 귀에 잘 들어오지요. 귓가에 맴돌던 노래는 나도 모르게 입으로 흥얼거리게 돼요.

그런데 여러분, 광고를 볼 때 무엇을 가장 주의해야 할까요? '비판'이라는 말을 아나요? 비판이란 '옳고 그름을 판단하여 밝히거나 잘못된 점을 지적'한다는 뜻이에요. 광고는 상품을 팔기 위해 만들어진 거라서 일부러 좋은 점만 말하고, 나쁜 점은 숨길 때가 많지요. 그래서 우리는 그 내용이 옳은지 그른지 판단하면서 광고를 봐야 똑똑한 소비자가 될 수 있어요.

하지만 광고에 나오는 노래를 아무 생각 없이 따라 하면, 우리가 그 광고를 제대로 비판하면서 볼 수 있을까요? '정말 그래?', '왜 그런 거지?' 하며 노래를 부르는 사람은 없을 거예요. 단지 멜로디가 좋아서 그냥 흥얼거리는 거니까요. 그러면 광고하는 사람의 뜻에 따라 그냥 우리의 생각이 따라가게 될 위험이 있어요.

광고 내용이 언제나 옳은 것은 아닌 데다, 어쩌면 나쁜 목적을 가진 광고가 재미있는 노래로 변장해서 여러분을 노릴 수도 있답니다. 광고 노래 대신 가사와 선율이 좋은 노래를 찾아 불러 보세요. 아름다운 노래는 여러분의 마음과 생각을 더 곱게 만들어 줄 테니까요.

미디어 수용

품위 있게 말해요

통합 교과서나 음악 교과서, 또는 동요집을 펼쳐 보세요.
가사를 잘 읽어 보고, 마음에 드는 가사를 옮겨 써 보세요.
'내가 알던 노래 가사가 이렇게 아름다웠나?' 하고 깜짝 놀랄 수도 있어요.

궁금한 게 있어요!
광고를 볼 때는
세 가지를 기억해요!

   TV 또는 유튜브 동영상을 볼 때나, 게임을 할 때 우리가 원하지 않아도 갑자기 팍팍 뜨는 영상이나 글이 있지요? 맞아요. '광고'예요. 광고가 얼른 끝났으면 좋겠다고 생각하거나 '광고 건너뛰기' 버튼이 생기기만을 기다리지요. 그런데 어떤 광고는 정말 재미있고 기발해서 '이거 사고 싶고, 갖고 싶다!' 하는 마음이 들게 만들어요.

   똑똑한 어린이는 광고만 보고 무턱대고 물건을 사거나 부모님께 사 달라고 떼를 쓰지 않지요. 광고를 비판하며 보는 방법을 알면 나쁜 광고에 속지 않을 수 있어요. 광고를 볼 때는 다음 세 가지를 기억하세요.

❶ **광고 내용을 파악해요.**
　광고에서 상품의 무엇을 알리려고 하는지 살펴봐요.

❷ **광고의 의도를 파악해요.**
　왜 이 광고를 만들었는지 생각해 봐요.

❸ **과장한 내용, 숨긴 내용, 왜곡한 내용을 찾아봐요.**
　과장한 내용　사실보다 지나치게 부풀려서 나타낸 내용은 없나요?
　숨긴 내용　상품의 나쁜 점을 감추려고 하지는 않았나요?
　왜곡한 내용　사실과 다르게 알려 주는 내용은 없나요?

 TV나 동영상, 신문에서 접하는 광고를 비판하며 읽어 봅시다.

- 내가 본 광고

- 광고에서 상품의 무엇을 알리고 있나요?

- 이 광고는 왜 하는 건가요?

- 과장한 내용, 숨긴 내용, 왜곡한 내용이 있는지 살펴보세요.

과장한 내용

숨긴 내용

왜곡한 내용

10 감탄사

헐, 대박, 깜놀이에요!

내 이야기를 들어 봐

감탄사

오늘은 학부모 공개 수업의 날이에요.

교실 뒤로 손님이 꽉 찼어요.

평소 수업 시간에도 발표하면 너무 떨리는데,

우리 엄마랑 친구 엄마들도 다 오시니 더욱더 떨려요.

나도 모르게 깜짝 놀라서

'헐! 깜놀!'이라고 큰 소리로 말했어요.

교실에 오신 학부모님들이

'하하하하, 호호호호' 하고 웃으셨어요.

하지만 우리 엄마만 얼굴이 빨개져서 웃지 않으셨어요.

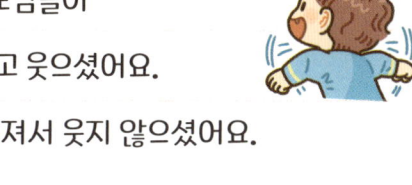

"감탄사보다 진심을 담은 말이 더 마음을 울려요."

'감탄사'라는 말을 들어 보았나요? 국어사전에서 '감탄사'를 찾아보면 "놀람이나 느낌, 부름, 응답 따위를 나타내는 말"이라고 나와요. 놀라거나 강한 느낌이 들었을 때 나도 모르게 튀어나오는 말이 감탄사인 거지요. 감탄사를 사용하면 감정을 실감 나게 표현할 수 있어요.

그런데 요즘에는 감탄사가 감정을 나타내기보다는 습관적으로 내뱉는 말이 됐어요. 선생님이 자주 듣는 감탄사는 '헐', '대박', '깜놀'이에요. 여러분은 이런 감탄사 안에 담긴 마음을 잘 읽을 수 있나요? 대체로 놀랐거나 당황했을 때 쓰긴 하지만, 상황에 상관없이 그냥 대화 중에 섞어서 말할 때가 많습니다.

선생님 반에도 '대박'이라는 감탄사를 습관처럼 쓰는 학생이 있어요. 자신이 키우던 햄스터가 죽어 슬퍼하는 친구에게 그 친구는 자기도 모르게 "대박!"이라고 말했어요.

밤낮으로 함께 지내던 햄스터가 죽어서 너무 슬퍼하고 있는 학생이 '대박!'이라는 말을 들으면 어떨까요? "지금 우리 햄스터가 죽은 게 잘된 일이라는 거야?" 하고 다툼이 시작되었답니다.

감정을 제대로 전달할 수 없는 감탄사 대신 여러분의 마음을 잘 전할 수 있는 낱말을 사용해서 말해 보세요. 햄스터가 죽어서 슬퍼하는 친구에게는 여러분의 마음을 담은 한마디가 훨씬 더 위로가 될 테니까요.

감탄사

품위 있게 말해요

키우던 햄스터를 떠나보내고 슬퍼하는 친구에게
여러분은 뭐라고 말해 줄래요?

11 게임 언어

게임할 때만 쓰는 말이 따로 있어요

내 이야기를 들어 봐

친구들과 가끔 격투 게임을 해요.

신나게 게임 하다 보면

나도 영웅들의 기술을 사용할 수 있을 것만 같아요.

태권도학원에서

다음 달 승급심사 연습을 했어요.

친구와 게임 속 주인공들처럼 겨루기를 해 보았어요.

버프! 쉴드!

정말 게임 속 영웅이 된 기분이 들어요.

게임언어

게임 언어는
게임할 때만 써요.

여러분은 컴퓨터나 스마트폰 게임을 좋아하나요? 선생님 반에도 게임을 좋아하는 친구가 참 많아요. 가끔 학생이 하는 말을 전혀 알아들을 수 없을 때가 있어요. 무슨 말인지 물어보면 수줍게 웃으며 "게임에서 쓰는 말이에요." 하고 답하더라고요.

하루는 한 학생이 자기는 아무 잘못도 안 했는데, 친구가 자기를 '팥쥐'라고 놀린다며 속상하다고 찾아왔어요. 놀린 친구를 불러 물어봤더니 '팟지'라는 게임 언어를 말한 거라고 했어요.

이렇게 게임 언어는 불필요한 오해를 만들어요. 게임을 하지 않는 사람은 모르는 말이니까요. 게임을 하는 사람이라도 게임마다 사용하는 말이 다르니 전부 알 수는 없지요.

사람들이 게임이 좋지 않다고 생각하는 이유는 게임이 중독되기 쉽고, 불건전한 내용이 포함되어 있기 때문이에요. 게임 내용이 폭력적이지 않고, 약속한 게임 시간을 잘 지키는데도 게임을 안 좋게 생각하는 어른들도 있지요? 그건 바로 게임에서 사용하는 언어 때문이에요. 게임 안에서 심하게 욕을 하고, 상대방은 배려하지 않고 게임 언어를 실생활에서 쓰는 사람이 있으니 게임을 부정적으로 보는 사람이 많은 거랍니다.

  선생님이 어렸을 때는 친구들과 딱지치기, 술래잡기 놀이를 했다면, 요새 어린이들은 모여서 게임을 많이 해요. 놀이 문화가 바뀐 거지요. 어른들이 여러분의 게임을 놀이 문화로 존중하게 만들려면 어른들의 생각도 바뀌어야겠지만, 여러분도 노력해야 해요.

  게임에서 바른 말을 사용하고, 다른 사람이 잘 모르는 게임 언어는 실생활에서 사용하지 않기로 해요. 그러다 보면 어른도, 여러분도 게임이 건전한 놀이 문화라고 생각하고 함께 즐기는 날이 올 거예요.

품위 있게 말해요

여러분이 게임을 하고 있는데, 게임에서 만난 사람이 여러분에게 욕하거나 싸움을 걸었어요. 그럴 때는 어떻게 하는 것이 좋을까요?

12 잘못된 유아어

애교 있는 말투는 왜 아기 같을까요?

내 이야기를 들어 봐

우리 선생님 배가 점점 불러 와요.

조금 있으면 선생님은 아기를 낳으러 가신대요.

그런데 친구들은 선생님 배 속의 아기에게

계속 아기처럼 말해요.

맘마, 까까, 때찌, 지지….

친구들은 배 속에 있는 아기에게 이야기하는 걸까요?

아니면 아기처럼 귀엽게 말하는 걸까요?

> **애교 있는 말투를
> 사용하지 않아도 여러분은
> 있는 그대로 사랑스러워요.**

"1 더하기 1은 귀요미

2 더하기 2는 귀요미

3 더하기 3은 귀요미 …."

이 노래를 들어 본 적 있지요? 율동하며 노래를 부르는 어린이를 보면 가사 내용처럼 참 귀여워요. 그런데 이 노래를 어른이 아이 흉내를 내며 부르면 귀여울까요? 반대로 어린이가 어른처럼 말하면 멋있나요? 답은 여러분이 잘 알고 있을 거예요. 나이에 어울리는 말과 행동을 하는 게 가장 자연스럽고 보기 좋다는 걸요.

가끔 어리광을 부리고 싶은 마음에 "선생님, 까까 머꼬 싶어요."라며 유아어를 사용하는 어린이가 있어요. 유아어는 말을 잘 못하는 아기가 알아듣거나 말하기 쉽게 도와주는 말이랍니다. 언어학자들은 유아어가 옹알이를 시작하는 아주 어린 아기에게나 도움이 되지, 좀 더 자란 아기에게는 유아어가 아닌 평소에 사용하는 말을 들려주라고 해요.

일상생활에서 아기를 흉내 내는 말을 자주 사용하면, 듣는 사람은 여러분을 이상하게 생각할 수 있어요. 더구나 유아어를 자주 사용하면 제대로 된 말을 배울 기회가 없어지지요.

지금 여러분은 평생 사용할 말을 차곡차곡 창고에 쌓아 놓는 중이랍니다. 어휘 창고를 옹알이 아기에게나 어울리는 말로 채우고 싶은 친구는 없겠지요?

유아어를 사용하지 않아도 우리 친구들은 귀엽고 예뻐요. 기억하세요. 여러분은 있는 그대로의 모습이 사랑스럽다는 사실을요.

잘못된 유아어

품위 있게 말해요

아기 흉내를 내며 귀여운 척하는 사람을 본 적이 있나요?
그런 사람을 보면 어떤 생각이 들었나요?

13 문자 언어

문자 메시지에 그림만 가득해요

내 이야기를 들어 봐

오늘 수학 시간 과제는 모둠 과제예요.

모둠 친구들의 팔 길이와 발 길이를 재는 거예요.

모둠 친구들에게 우리 집에 모여서

과제를 하자고 톡을 보냈어요.

그런데 친구들은 아무런 말도 없이

이미지(이모티콘)로 알았다고 대답해요.

엄마는 친구들이 좋아하는 간식을 준비해 주신다고 했어요.

친구들에게 먹고 싶은 간식을 물어봤는데

역시나 이미지(이모티콘)로 답을 주네요.

친구들이 과제 하러 오겠지요?

친구들이 말로 대답을 안 하니 헷갈려요.

마음이 담긴 말이 그림말보다 감동을 줘요.

'이모티콘'이라는 말을 들어 보았나요? 이모티콘(emoti + con)은 감정을 뜻하는 'emotion'과 조각을 뜻하는 'icon'을 합쳐서 만든 말이에요. 말 그대로 감정을 나타내 주는 조각 그림이지요.

우리말로는 이모티콘을 '그림말'이라고 해요. 그림말은 글로는 나타내기 어려운 기분이나 표정을 표현하려고 사람들이 만들어 냈어요. ^^처럼 간단한 기호의 조합부터 움직이는 그림과 사진, 소리까지 나오는 그림말이 있지요.

문자 메시지를 주고받을 때 사진이나 그림말을 사용하면 참 재미있어요. 문자로 길게 쓸 필요 없이 글로 표현하기 어려운 마음을 그림 하나로 보낼 수 있으니 참 편리해요.

선생님은 여러분이 점점 자기가 할 말을 고민하지 않고, 다른 사람이 만들어 놓은 그림말만 대충 골라서 보낼까 봐 걱정돼요. 상대방의 말을 잘 듣거나 읽고, 상황에 따라 무슨 말을 해야 할지 곰곰이 생각해야 사람을 이해하는 힘이 생기거든요. 이미지로만 보내면 상대방이 내 뜻을 정확하게 이해하지 못할 수도 있고요.

문자를 주고받을 때 대상과 상황에 알맞은 말을 정성껏 써 보세요. 그리고 내가 한 말에 어울리는 그림말을 적절하게 찾아서 곁들여 보세요. 여러분의 마음이 담긴 따뜻하고 다정한 말이 그림말보다 훨씬 감동을 줄 겁니다.

품위 있게 말해요

여러분이 아래와 같은 메시지를 받았다면 어떻게 답장할래요?
친구의 마음을 헤아려서 알맞은 말을 쓰고,
그 말과 어울리는 그림말도 그려 보세요.

은주

동생이 내 그림을 망쳐 놔서 속상해서 동생한테 화를 냈거든. 그랬더니 엄마가 나만 엄청나게 혼냈어. 동생이 먼저 잘못했는데 ….

나

14 인터넷 예절

좋아하는 연예인 기사에 나쁜 댓글이 있어요

내 이야기를 들어 봐

나는 아이돌 오빠의 팬이랍니다.
오빠는 춤도 잘 추고 노래도 잘해요.
친구들은 오빠의 기사가 나오면 찾아서 보여 주곤 해요.

그런데 오빠의 기사에 나쁜 댓글이 많이 달렸어요.
오빠가 춤도 노래도 못하고
얼굴도 못생겼다는 댓글까지 있어요.

나쁜 댓글을 읽고 나니
가슴이 쿵쾅거리면서 화가 나고 속상해요.
내가 좋아하는 아이돌 오빠가
이 댓글을 보고 상처받을 것을 생각하니 정말 슬퍼요.

인터넷 예절

" 남을 헐뜯는 댓글은 읽지도, 쓰지도 않는 게 좋아요. "

　인터넷에서 일부러 나쁜 내용으로 적는 댓글을 악성 댓글이라고 해요. 우리 친구들은 악성 댓글 때문에 상처를 받아서 힘들어하는 사람에 관한 뉴스를 들은 적이 있나요? 악성 댓글을 본 적은요? 요즘은 나쁜 댓글 때문에 댓글 기능을 아예 없앤 홈페이지가 많아요. 악성 댓글은 왜 나쁜 걸까요?

　서로 잘 모르는 사람이 많이 모인 장소에 여러분이 있다고 상상해 봅시다. 그런데 갑자기 어느 한 명이 여러분을 지목해서 헐뜯기 시작했어요. 그 자리에 있던 다른 사람들은 여러분에 대해 잘 모르면서 무조건 욕을 해요. 심지어 그 자리에 있지도 않은 친구에게 전화해서 여러분에 대한 근거 없는 소문을 퍼뜨려요. 이럴 때 여러분은 어떤 마음이 들겠어요?

　인터넷 악성 댓글이 바로 이런 경우예요. 연예인을 정말 잘 알고 댓글을 쓰는 사람이 몇 명이나 될까요? SNS에서 사진 몇 장, 글 몇 편만 보고 그 사람을 제대로 안다고 할 수 있을까요? 어떤 사람을 제대로 알지도 못하면서 욕하고, 다른 사람이 쓴 욕을 보고 사실이라고 믿고,

또 그 소문을 퍼뜨리는 건 어리석은 일입니다.

　어쩌면 사람들이 댓글로 욕하는 사람이 정말 나쁜 사람일 수도 있지요. 하지만 그 판단은 여러분이 해서는 안 돼요. 정말 벌받을 행동을 한 사람이라면, 법을 통해 정당하게 벌을 받도록 해야 해요. 악성 댓글을 달았다가 오히려 여러분과 여러분의 부모님이 거짓말을 퍼뜨린 죄로 처벌을 받을 수 있답니다.

　악성 댓글을 쓰는 건 물론이고, 보지도 않았으면 좋겠어요. 혹시 봤더라도 퍼뜨리지 않는 게 현명한 인터넷 사용자의 자세랍니다.

인터넷 예절

품위 있게 말해요

악성 댓글이 아니라 선한 댓글을 달기로 다짐하는 표어★를 만들어 볼까요?

 악성 댓글 눈물 되고, 선한 댓글 힘이 된다.

★ 표어란? 주의, 주장 따위를 간결하게 나타낸 짧은 어구

인터넷에서는 더욱더 말조심!

인터넷에는 정말 다양한 사람이 모여 있어요. 좋은 사람도 많지만 나쁜 의도로 인터넷을 떠돌아다니는 사람이 있어요. 직접 만나지 않고 의사소통하는 인터넷의 특성을 이용해서 성별, 직업, 나이, 국적, 심지어 얼굴과 목소리까지 속여서 여러분에게 접근할 수도 있답니다.

예를 들어 빈집만 골라 도둑질을 하는 사람이 인터넷을 떠돌아다니고 있다고 해 봅시다. SNS나 단체 채팅방에서 온 가족이 2박 3일로 여행을 간다는 소식을 본 도둑은 어떤 계획을 세울까요?

여행 계획이 있는 사람의 집과 여행 일정을 알아내려고 접근할 거예요. '사진이 정말 멋있다.', '넌 정말 멋지고 착하구나.'처럼 상대가 듣고 싶은 말만 쏙쏙 해서 세상에 둘도 없는 친절한 사람인 척할 수 있어요.

인터넷에서 만난 사람에게는 여러분의 이름, 다니는 학교, 전화번

호, 주소와 같이 개인정보를 알려 주면 절대 안 돼요. 여러분이나 가족의 얼굴이 궁금하다거나, 특정 신체 부위를 사진으로 찍어서 보내 달라고 하면 바로 그 대화방을 나오세요. 말을 걸어도 대꾸하지 말고, 바로 부모님이나 선생님께 알리세요.

한번 인터넷에 기록된 정보는 지우기 어려워요. 수많은 사람이 한꺼번에 복사해서 여기저기 퍼 나르니까요. 사람을 만나서 이야기할 때보다 인터넷에서는 백 배, 아니 천 배, 만 배 더 신중하게 말해야 해요.

인터넷을 혼자 떠돌아다니면서 아무 생각 없이 이 사람, 저 사람에게 말하는 건 길거리에서 모르는 사람을 따라가는 것만큼 위험할 수 있어요.

기억해요. 인터넷에서는 더욱 말조심하기! 내 정보 말하지 않기!

➡ 인터넷에서 만난 사람이 이렇게 메시지를 보냈어요.
여러분은 어떻게 해야 할까요? 부모님과 이야기해 보세요.

• 난 ○○초등학교 2학년 5반이야. 너는 어느 학교 다니니?

• 나 지금 가족에게 쫓겨났어. 너무 배고파. 너희 집에 놀러 가도 돼?

- 말을 예쁘게 하는 걸 보니 얼굴도 예쁠 것 같아. 네 사진 보내 줄 수 있어? 나도 보내 줄게.

- 내일 나랑 만나서 같이 놀자. 내가 있는 곳으로 오지 않을래?

줄임말과 은어
유행어와 온라인 언어
욕설과 비속어
학교생활의 언어 예절

CHAPTER
3

힘이 세지는 것 같은 말

욕설과 비속어

아홉 살 말 습관 사전

욕설

욕을 하면 왠지 힘센 사람처럼 느껴져요

내 이야기를 들어 봐

선생님 심부름은 언제나 즐거워요.

친구와 함께 4층에 있는 6학년 교실로 심부름을 가요.

그런데 4층에 올라가니

6학년 형 누나가 욕을 하면서 장난을 쳐요.

형 누나가 욕을 하는 소리를 들으니

엄청 힘이 센 육식공룡들이 나타난 것 같아요.

나와 내 친구는 너무 무서워서

다리가 덜덜 떨렸어요.

욕설은 여러분의 가치를 떨어뜨려요.

  선생님이 5~6학년 교실을 지날 때면 깜짝 놀라서 돌아보게 하는 학생이 있어요. 욕으로 시작해서 욕으로 끝나는 말을 해서 싸우는 것처럼 들리거든요. 그런데 가만히 들어 보면, 평범한 일상 대화인 경우가 많아요.

  욕하는 학생들에게 욕설하는 이유를 물어보니 "강해 보이려고요. 내 말이 먹히려면 이렇게 말해야 해요."라고 답하더라고요. 욕을 들으면 선생님도 움찔해요. 그러니 어린이 여러분에게는 욕하는 사람이 더 무섭고 강해 보이겠지요.

  동영상이나 영화에서 욕하는 어른이 자주 보이고, 생활 속에서 만나는 어른과 중고등학생도 욕을 참 많이 해요. 일부 욕설을 쓰는 어른 때문에 어린이들이 그 예쁜 입으로 욕을 하게 됐다고 생각하니, 어른으로서 참 창피하고 미안해요.

  한 텔레비전 프로그램에서 욕을 많이 쓰는 사람들을 대상으로 실험을 한 적이 있어요. 욕을 사용하지 않고 자기의 생각을 말해 보라고 했더니 하고 싶은 말을 제대로 하지 못했어요.

욕을 사용해야만 의사소통할 수 있는 사람이 강한 사람일까요? 강하기는커녕 자기의 감정을 알맞은 말로 표현하지 못할 정도로 미숙하고 어휘력이 부족한 사람이에요. 다른 사람의 마음을 헤아리지 못하고, 자기의 감정조차 다루지 못하는 어리석은 사람이지요.

 화가 나거나 짜증이 나서 어디선가 들은 욕을 하고 싶은 마음이 훅 올라올지 몰라요. 어쩌면 여러분 자신도 모르게 욕이 확 튀어나올 때가 있을지도 몰라요. 혹시 욕하는 버릇이 있더라도 여러분이 마음만 먹으면, 고칠 수 있어요. 오늘부터 욕 대신 올바른 단어를 활용해서 마음을 표현하고자 노력해 보세요.

 말은 하는 대로 습관이 되고, 습관은 그 사람의 인격이 됩니다. 욕설로 여러분의 가치를 떨어뜨리지 마세요.

욕설

품위 있게 말해요

여러분이 욕설을 들었을 때 느낌은 어떠했나요?
화가 났을 때 욕 대신 어떤 말을 하면 좋을까요?

16 비속어

닥쳐! 이런 말 쓰면 안 된다고요? 열받게!

내 이야기를 들어 봐

원어민 선생님과 함께하는
영어 수업 시간이었어요.
찰스 선생님은 떠드는 친구들에게
'Be quiet~'라고 하셨어요.

나는 무슨 뜻인지 몰라서 친구에게 물었더니,
닥치라는 뜻이라고 했어요.

아이들은 친구의 말에 재미있다고 했지만,
나보고 꺼지라는 친구의 말에
마음이 크게 상했어요.

비속어

"비속어는 나에게 아무런 도움이 되지 않아요."

비속어란 예절에 어긋나게 대상을 낮추거나 거친 말을 뜻해요. 비속어는 평소 우리가 사용하는 말과는 다르게 어감이 강하고 색달라서 귀에 쏙 들어와요. 어떤 비속어는 재미있고 웃기기도 해요. 그런데 선생님은 비속어를 사용하는 어린이가 걱정돼요. 왜냐고요? 비속어를 사용하는 어린이에 관한 연구 결과를 알려 줄게요.

사람의 뇌에는 1000억 개나 되는 뇌세포가 있고, 초등학교 시기에는 뇌세포보다 1000배나 더 많은 '뇌세포 연결선(시냅스)'이 만들어진대요. 지금 여러분의 뇌에서는 평생 사용할 시냅스가 형성되고 있어요.

시냅스는 자주 사용하는 뇌세포를 연결하면서 만들어져요. 그러니까 비속어를 자주 사용하면, 비속어를 사용하는 시냅스가 만들어지는 거예요. 욕, 비속어와 관련 있는 시냅스가 만들어지면, 그만큼 다른 시냅스가 만들어질 기회가 사라지는 거예요.

그래서 뇌 과학자들은 욕과 비속어를 많이 듣고, 습관적으로 사용하는 어린이의 뇌 발달이 크게 떨어진다고 입을 모아 말해요. 비속어를 많이 쓰는 아이는 다른 아이보다 머리가 나빠질 확률이 높다는 뜻이지요.

 비속어는 지능에만 나쁜 영향을 주는 것이 아니에요. 욕과 비속어를 습관적으로 사용하는 어린이와 바른 말을 사용하는 어린이를 비교한 어느 연구에서는 비속어를 많이 쓰는 아이들이 참는 힘(인내심), 계획하는 능력(계획성), 자기감정을 조절하는 능력(자기 통제력)이 많이 떨어지는 걸 발견했어요.

 여러분의 머리를 나쁘게 만들고 자존감과 자신감마저 떨어뜨리는 비속어. 일부러 찾아서 쓸 필요는 없겠지요?

품위 있게 말해요

주변에서 자주 들리는 비속어를 찾아보고, 어떤 말로 바꾸면 좋을지 생각해 보세요.

궁금한 게 있어요!

욕과 비속어는 말하는 사람과 듣는 사람 모두를 망쳐요!

문화체육관광부에서 전국의 만 15세 이상 남녀 1000명을 대상으로 우리말 사용 실태를 조사했더니 욕이나 비속어를 사용하지 않는 청소년은 4%밖에 되지 않았어요. 비속어를 사용하는 사람이 참 많은 거지요.

어렸을 때 욕과 비속어를 많이 듣거나 말한 사람은 대뇌가 발달하지 않고, 정서적으로도 불안하다는 연구 결과가 많아요. 그러면 욕은 듣는 사람에게만 나쁜 영향을 줄까요? 욕을 하는 사람도 자기가 내뱉는 욕을 온몸으로 듣지요.

비속어를 사용하는 사람에게 이유를 물어보니, 자기의 감정을 표현하거나 재미를 위해서라고 답했어요. 그런데 비속어로 자신의 마음을 말하면, 자기 마음은 물론 다른 사람의 마음을 헤아리는 능력이 떨어진대요. 자기를 강하게 표현하려고 사용했던 욕과 비속어가 오히려 감정을 이해하는 능력을 떨어뜨리는 거예요. 공감 능력이 떨어지다 보니 친구와 관계를 제대로 맺지 못하고, 그래서 자기를 귀하게 여기는 마음(자아존중감)도 갖지 못한대요.

　욕과 비속어를 사용하는 청소년이 많지만, 전체 응답자의 98.2%가 "한글과 한국어를 아끼고 사랑한다"라고 답했어요. 한글과 한국어를 아끼고 사랑하는 사람이 이렇게 많으니 희망이 보입니다. 한글과 한국어를 아끼고 사랑하려면 어떻게 해야 할지 여러분도 생각해 보세요.

➡ 욕이나 비속어를 사용하고 싶은 마음이 들 때 어떻게 하면 좋을까요?

• 짜증이 나서 확 욕을 하고 싶어요. 여러분은 어떻게 할래요?

선생님의 추천 욕을 하고 싶은 마음은 꾹 참고, 책을 펼쳐 마음을 나타내는 낱말을 찾아보세요.

• 어제 운동장에서 들었던 비속어가 자꾸 귀에 맴돌아요.

선생님의 추천 나쁜 말은 좋은 말로 이겨내야지요! 그 비속어를 대신할 좋은 말을 찾아보세요.

- 학원에서 어떤 형(오빠), 누나(언니)가 쓴 비속어를 듣고 다들 엄청나게 웃었어요. 나도 친구들을 웃기고 싶은데, 그 비속어를 쓰면 인기를 얻겠지요?

선생님의 추천 비속어를 사용해서 남을 웃기는 사람이 정말 부러운가요? 아름다운 말로 다른 사람의 마음을 환하게 만드는 사람이 정말 멋진 사람이지요!

17 험담

하지만 그 친구가 잘못한걸요

내 이야기를 들어 봐

체육 시간에 옆 반이랑 피구 경기를 했어요.

우리가 다 이긴 경기였는데,
마지막에 옆 반 수빈이가
선을 밟고 공을 던졌어요.
그래서 우리 반이 진 거라고요.

피구가 끝나자 우리 반 친구들은 화가 나서
수빈이의 잘못들을 이야기했어요.

선생님은 친구를 헐뜯는 말을 하면
안 된다고 하시지만,
수빈이가 정말 잘못한 건데 억울해요.

" 험담을 하기 전에 '나라면?' 하고 입장 바꿔 생각해 봐요. "

　말에는 좋은 말 창고와 나쁜 말 창고가 있어요. 좋은 말 창고를 열면 좋은 말이 나오지만, 나쁜 말 창고를 열면 나쁜 말만 마구 쏟아져요. 그런데 신기하게도 두 창고는 동시에 열리지 않아요. 나쁜 말 창고를 닫아야 좋은 말 창고가 열리지요.

　험담은 나쁜 말 창고에서 나와요. 친구를 놀리거나 깎아내리는 말이 들리면, 나쁜 말 창고 문이 열렸다는 뜻이라서 얼른 나쁜 말 창고 문을 닫아야 해요. 어떻게 닫느냐고요?

　나쁜 말 창고가 열린 느낌이 들 때 선생님이 쓰는 방법 두 가지를 알려 줄게요. 우선, 나쁜 말 창고 문을 닫고, 좋은 말 창고를 열려고 노력해요. "그런데 말이야 ….." 하면서 얼른 화제를 돌리는 거지요.

　그런데 모두 험담을 하는 분위기에서는 나쁜 말 창고의 문을 닫기가 어려워요. 그럴 때는 얼른 도망쳐요. 험담 이야기를 알게 되면 다른 사람에게 말하고 싶어질 테니 아예 듣지 않는 게 편하거든요.

　사실 험담은 궁금증을 유발해서 더 듣고 싶고, 일단 들으면 다른 사람한테 말하고 싶어서 입이 근질거려요. 그런데 여러분이 다른 사람에게 들은 내용을 말했을 뿐이라도 그 말에 책임을 져야 해서 곤란해질 수 있어요.

여러분이 험담하거나 들은 말을 다른 사람에게 말하고 싶어지면, 다음 다섯 가지를 자신에게 꼭 물어보세요.

❶ 그 이야기가 사실인가?
❷ 내가 모든 상황을 다 알고 있는가?
❸ 이 이야기를 여러 사람이 알게 되는 것이 옳은 일인가?
❹ 이 말이 문제 해결에 도움이 되는가? 아니면 문제를 더 일으키는가?
❺ 내가 험담의 대상이라면 어떤 마음이 들까?

품위 있게 말해요

계속 반칙해서 피구 경기에 이기는 수빈이가 미워요.
여러분은 어떻게 문제를 해결하겠어요?

❶ 그냥 잊고 넘어갈 수 있나요?
❷ 수빈이에게 직접 반칙하지 말라고 말할 수 있나요?
❸ 선생님께 예의를 갖추어 억울한 점을 말해 볼까요?

18 상호 존중

화가 나면 "바보야!"라고 소리치고 싶어요

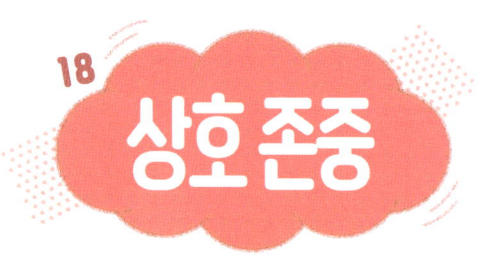

내 이야기를 들어 봐

선생님, 친구들과 함께 전통문예체험관에 갔어요.

체험관 선생님은 떡메 치는 방법을 알려 주셨어요.

"하나" 하는 구령에 맞추어 "쿵덕!"

"둘" 하는 구령에 맞추어 "쿵덕!"

나와 짝꿍의 차례가 되었지만,

나는 언제 쳐야 할지 몰라 멍하니 서 있었어요.

다시 시도했지만 또 멍하니 서 있었어요.

짝꿍은 잔뜩 화가 나서 "야, 바보야!" 하고 소리쳤어요.

나는 부끄럽고 자신이 없어졌어요.

화를 터뜨리고 나면 어떤 일이 일어날지 생각해 봐요.

화를 한 번도 안 낸 사람이 있을까요? 선생님도 화날 때가 많아요. 어떤 사람이 계속 실수하고 나를 불편하게 하면 화를 내고 싶어요. 화내는 일이 무조건 나쁜 건 아니에요. 어린아이를 학대하거나 이유 없이 사람을 괴롭히는 사람에게 화가 나는 건 당연한 일이지요.

하지만 보통은 화내고 나서 후회할 때가 더 많아요. 뒤늦게 '그 친구도 사정이 있었을 텐데 화내기 전에 말로 좋게 이야기해 볼걸' 하는 생각이 들지요.

화를 내고 싶을 때는 결과를 먼저 생각해 봐요. 내가 화를 내면 상대방은 정말 당황스럽고 속상할 거예요. 여러분이 자신을 존중하지 않는다고 느낄 테니까요. 자기가 잘못한 걸 깨닫기보다 화를 낸 여러분을 원망하는 마음을 키우기가 쉬워요. 게다가 상한 마음이 회복되는 데는 시간이 오래 걸리지요.

더 억울한 건, 친구가 잘못해서 화를 냈더라도 여러분이 화내는 모습을 본 사람은 여러분을 나쁜 사람이라고 여길 수 있다는 거예요. 그러니 화를 잘 다스리는 방법을 익히는 게 슬기롭겠지요?

친구의 말이나 행동 때문에 화가 나면 이렇게 해 봐요. 그럼 화 때문에 실수하는 일이 훨씬 줄어들 거예요.

❶ 바로 화를 내지 말고 얼른 그 자리를 떠나요.
❷ 화가 난 이유를 곰곰이 생각해 봐요.
❸ 화를 내면 어떤 일이 일어날지 떠올려 봐요.
❹ 화를 내지 않고 문제를 해결할 방법은 없는지 고민해요.

품위 있게 말해요

로마의 황제이자 철학자였던 아우렐리우스는 『명상록』이라는 책에서 이렇게 말했어요.

> "이성적으로 처신한다면, 그들은 당신의 마음을
> 상하게 할 수는 있어도 그대를 더 나쁘게 만들지는 못한다."

이 문장의 뜻을 생각해 보고, 화가 났을 때 어떻게 행동하는 것이 현명한지 부모님, 친구와 이야기해 보세요.

19 성별 비하

왜 남자, 여자 나눠서 싸워요?

내 이야기를 들어 봐

"우리 모둠 여자애들은 정말 사나워요.
협동 작품 만들기를 할 때도
우리 모둠 남자들은 끼워 주지 않아요.
여자애들은 자기들만 잘한다고 생각해요.
정말 화가 나서 여자애들과 싸우게 돼요."

"우리 모둠 남자애들은 정말 엉터리예요.
협동 작품 만들기를 할 때도
엉망으로 만들어 버리고 다 했다고 해요.
남자애들은 자기들이 잘했다고 생각해요.
어이가 없어서 남자애들과 싸우게 돼요."

성별 비하

남자, 여자가 아니라 사람으로 대해요.

여자와 남자는 생김새도, 성격도 서로 달라요. 성별과 관계없이 우리는 모두 생김새와 성격이 다르지요. 그런데 우리는 가끔 다른 걸 틀린 걸로 오해할 때가 있어요.

축구를 좋아하는 친구는 야구를 좋아하는 친구를 이해하기 어려울 수 있어요. 여러분이 친구에게 축구를 하자고 했는데, 그 친구가 "난 야구가 더 좋아. 다른 친구랑 야구할래." 하고 거절했다고 생각해 봅시다. 그 친구가 야구를 좋아하는 것도, 다른 친구랑 야구 경기를 하고 싶다고 한 것도 잘못된 것이 아니에요. 하지만 나와 다른 종목을 좋아하고, 내 제안을 거절했다는 사실에 그 친구가 괜히 미워질 수 있어요.

남자와 여자도 그래요. 선생님이 남자, 여자로 편을 갈라 싸우는 학생들을 많이 봤어요. 그런데 어느 한 편이 일방적으로 잘못한 경우는 한 번도 없었어요. 서로 성향이 다르고, 다른 게 불편하니까 화나고, 화나는 일이 반복되다 보니 감정이 안 좋아져서 다투게 되더라고요.

친구 때문에 화가 날 때 "여자는 ….", 또는 "남자는 …." 하고 말하지 말고, 기분 나쁜 그 사람만 콕 집어 말하세요. 성별에 문제가 있는 것이 아니라 그 사람과 안 맞는 것뿐이에요. 달라서 불편한 건지, 아니면 진짜로 그 사람이 잘못한 건지 깊이 생각해 보세요.

　이 세상에 남자만 있거나 여자만 있다면 얼마나 이상한 세상이 될지도 상상해 보면, 성별이 같거나 다르다는 이유만으로 가혹하게 말하기가 어려울걸요?

성별 비하

품위 있게 말해요

반 친구 중에 자주 대화해 본 적 없는 친구를 떠올려 보고 하루 동안
잘 관찰해 보세요. 성별이 달라서 어울리지 않았던 친구를 살펴봐도 좋아요.
눈여겨 잘 살펴보면, 그동안 알지 못했던 그 친구의 장점을 발견할 수 있어요.

내가 관찰한 친구　✎

그 친구의 습관　✎

(　　　　)　✎

20 장애인 비하

'꿀 먹은 벙어리'는 속담인데 왜 쓰면 안 되나요?

내 이야기를 들어 봐

밤부터 눈이 오기 시작했어요.

다음 날 학교에 가니 하얗고 깨끗한 눈이 소복소복 쌓였어요.

친구들과 함께 눈사람을 만드는데,

범희는 벙어리 털장갑을 가져와서 눈을 잘 뭉칠 수 없었어요.

당황해서 친구들의 이야기에 대답도 못 했어요.

꿀 먹은 벙어리가 되었지요.

장애 이해 교육 시간에 '벙어리', '장님'

이런 말은 쓰지 않기로 배웠는데 ….

자꾸만 잊어버리게 돼요.

장애인 비하

> ## 사람마다 생김새와 성격이 다른 것처럼 장애인도 다른 모습일 뿐이에요.

'꿀 먹은 벙어리', '눈뜬장님'이라는 말을 들어 보았나요? '벙어리'는 청각 장애인을, '장님'은 시각 장애인을 뜻하는 말이에요.

우리가 평소에 사용하는 말에는 장애인을 비하하는 표현이 섞여 있어요. 벙어리장갑도 그런 표현 중 하나라서 '손모아장갑'이라고 해야 옳지요. 그런데 장애인 비하 표현보다 더 큰 문제는 우리가 이런 말을 평소에 아무 생각 없이 사용하고 있다는 거예요.

장애인을 비하하려는 의도 없이 자주 듣는 표현을 썼을 뿐인데, 장애인은 그런 말을 듣고 상처를 받아요. '아무 생각 없이' 말한다는 건 장애가 비정상이라는 인식이 뿌리 깊이 박혀 있다는 의미이기도 해요.

선생님은 눈이 나빠서 초등학교 2학년 때부터 안경을 썼는데, 운동을 할 때나 마스크를 쓸 때 참 불편했어요. 하지만 안경을 썼다는 사실 때문에 고통스러워한 적은 없어요. '어린 애가 안경을 써서 어쩌나. 딱하네.' 하고 말하는 어른들의 말과 시선이 불쾌했을 뿐이에요.

안경을 쓴 사람이 '나는 비정상이야.'라고 생각하지 않는 것처럼, 장애가 있는 사람이 처지를 비관하거나 슬퍼하리라고 짐작하는 건 어리석은 일입니다.

배가 아플 때 약을 먹듯, 장애가 있는 사람도 아프거나 불편한 부분을 잘 해결하며 살아가요. 사람의 생김새가 모두 다른 것처럼, 장애도 다양한 모습 중 하나일 뿐이라고 생각하고 대해 주세요.

품위 있게 말해요

앞이 안 보이는 시각장애인 친구가 길을 찾는 데 도움이 필요해 보여요. 여러분이라면 어떻게 할래요?

선생님의 추천 장애인이든 비장애인이든 누군가를 도와줄 때는, 대뜸 다가가 도와주기 전에 도움이 필요한지 먼저 물어보는 게 예의예요. "도와줄까요?" 하고 물어보고, 상대가 도와 달라고 하면 도와줘요. 괜찮다고 하면 그냥 지나가면 되고요.

21 태도와 표정

화가 났으니 선생님 말은 듣지 않을 거예요

내 이야기를 들어 봐

아침에 등교하면 핸드폰 수거함에
핸드폰을 넣는 규칙이 있어요.

오늘은 쉬는 시간에
친구와 몰래 핸드폰 게임을 하기로 했어요.
2교시 쉬는 시간에만
게임 아이템을 받을 수 있거든요.

그런데 수업 시간에 핸드폰이 울리는 바람에
선생님께 들키고 말았어요.
게임 아이템을 포기해야 한다는 생각에
나도 모르게 버럭 화가 났어요.

> **상대방을 존중하면
> 기분 내키는 대로
> 행동하지 않을 수 있어요.**

『기분이 태도가 되지 않게』라는 책이 있어요. 기분 내키는 대로 행동하게 두면 인생을 망친다고 해요. 정말 기분이 태도가 되면 인생을 망칠까요?

화가 난다고 고래고래 소리를 지르고, 슬프다고 길거리에 앉아 엉엉 소리를 내며 우는 어린이를 만나면 어떤 기분이 들까요? 그 아이와 친구 하고 싶은 마음이 들지 않을 거예요. 그 아이가 아무리 잘하는 게 많더라도 기분에 따라 제멋대로 행동한다면, 언제 어떻게 행동할지 몰라 불안해서 함께 놀기 어렵지요. 심지어 가족이더라도 수시로 태도가 변하는 사람과는 함께 지내기 힘들 거예요.

감정을 조절하지 못하고, 기분이 내키는 대로 행동하는 버릇은 어른이 되어도 고치기 어려워요. 친구, 직장 동료, 가족까지 힘들게 하는 사람이 과연 행복할까요?

반려동물이 아프면 슬프고, 게임을 하고 싶은데 못 하게 하면 화가 나는 것처럼 감정은 저절로 생겨나는 거라서 특정 감정이 나쁘다고 할 수 없어요.

  하지만 태도는 달라요. 태도는 여러분이 마음만 먹으면 바꿀 수 있어요. 나 자신을 소중히 여기는 마음과 상대방을 존중하는 마음을 먹으면 아무리 기분이 나빠도 꾹 참고 좋은 태도를 보일 수 있어요.

  감정을 잘 다스리는 사람이야말로 강하고 멋진 사람입니다. 기분이 태도가 되지 않기 위해 힘쓰는 우리 친구들을 응원할게요.

태도와 표정

품위 있게 말해요

여러분이 앞의 상황 속 아이라면, 선생님께 뭐라고 말하겠어요?

궁금한 게 있어요!
때로는 태도와 표정이 말보다 중요해요!

여러분이 담임선생님을 처음 만났을 때 어떤 기분이 들었는지 기억하나요? 선생님과 이야기해 보기도 전에 '우리 선생님 참 좋아!' 하는 느낌이 들었던 때가 있을 거예요. 새 학년이 되어 아직 친구들과 대화를 나누기 전인데도 한눈에 마음에 드는 친구를 찾은 적이 있을지도 몰라요. 왜 그럴까요? 머레이비언의 법칙에 답이 있습니다.

앨버트 머레이비언이라는 미국의 심리학자는 상대방에 대한 호감(좋아하는 마음)을 결정하는 요소에 관해 연구했어요. 연구 결과, 말하는 내용은 겨우 7%만 영향을 주는 것으로 나타났어요. 그럼 우리의 인상을 좌우하는 나머지 93%는 무엇일까요? 무려 55%가 표정과 태도이고, 38%가 말투입니다.

여러분이 아무리 근사한 말을 하더라도 태도와 표정, 말투, 목소리가 바르지 않으면 다른 사람에게 좋은 인상을 주기 힘들어요. 소리 없는 행동이 더 큰 영향을 줄 때가 많지요. 대화하기도 전에 마음에 쏙 들었던 사람을 떠올려 보세요. 분명 용모가 단정하고 표정이 밝고 바른 태도를 보였을 거예요.

　상대방을 배려하는 따뜻한 말을 기본으로, 바르고 정확하게 말하는 연습을 해 보세요. 말하는 내용과 어울리는 표정, 바른 자세, 자신 있고 또박또박한 발음, 알맞은 목소리는 여러분 말에 힘찬 날개짓이 되어 줄 거예요.

➡ 머레이비언의 법칙을 살펴보고, 여러분의 태도와 표정을 점검해 보세요.

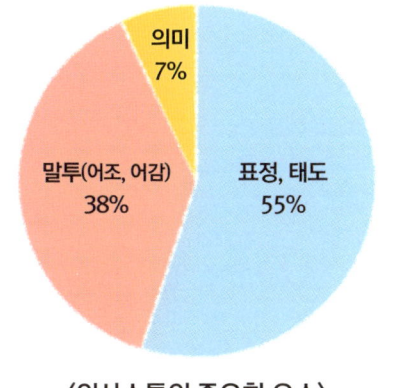

〈의사소통의 중요한 요소〉

- 다른 사람에게 자기소개를 하듯 거울을 보고 말하면서 스스로 점검해 보세요.

□ 옷은 단정하게 입었는가?
□ 말하는 내용에 어울리는 표정인가?
□ 바른 자세로 말하는가?
□ 발음은 정확한가?
□ 목소리는 알맞은 크기인가?

줄임말과 은어
유행어와 온라인 언어
욕설과 비속어
학교생활의 언어 예절

CHAPTER
4

서로를 배려하는 말

학교생활의 언어 예절

아홉 살 말 습관 사전

22 행동 습관

웃을 때마다 때리는 친구, 어떡하지요?

내 이야기를 들어 봐

체육 시간에 둘씩 짝을 지어 서로 발을 끈으로 묶고
목표 지점을 돌아오는 경기를 했어요.

나와 짝은 한 발 한 발 박자를 잘 맞추어 걸었어요.
그리고 결국 우리 팀이 이겼어요.

그런데 내 짝은 웃을 때마다 옆 사람을 때려요.
다른 때는 피하거나 참았는데,
이번에는 발이 묶여 있어서 피할 수도 없었어요.

경기에 이긴 건 좋지만
웃을 때마다 때리는 친구 때문에 기분이 별로예요.

행동 습관

"때리지 마."
눈을 맞추고 진지하게 말해요.

선생님 친구 중에 웃으면서 옆 사람의 어깨와 등을 세게 때리는 사람이 있어요. 같이 모임을 하는 친구들이 네 명인데, 그 친구 옆에 있으면 맞기 일쑤라 가까이에 앉지 않으려고 눈치 싸움을 벌이기도 하지요. 친구가 싫은 건 아니지만, 손이 정말 매워서 맞으면 아프거든요.

심리학자들은 웃으면서 옆 사람을 때리거나 물건을 치는 행동이 다른 사람에게 공감을 얻기 위한 몸짓이라고 설명해요. 함께 웃어 달라는 신호인 거지요.

하지만 상대방이 아프다고 느낄 정도로 세게 치면서 웃는 버릇은 고쳐야 해요. 여러분에게 맞은 사람은 기분이 상할 수 있기 때문이지요.

혹시 여러분은 친구와 같이 웃고 싶어서 툭툭 치거나 때리지는 않나요? 웃을 때 뭔가를 치지 않으면 허전하다고요? 다른 사람 대신 손뼉이나 자기 무릎을 쳐 보세요.

여러분 친구 중에 웃으면서 옆 사람을 때리는 사람이 있나요? 그런 친구 때문에 힘들면, 친구가 웃음을 멈춘 후에 진지하게 말해요. 친구가 웃을 때는 여러분의 말이 귀에 잘 들어오지 않을 수 있거든요.

"넌 정말 호탕하게 웃는 모습이 멋있어. 그래서 난 너랑 같이 웃는 게 좋아. 그런데 너도 모르게 웃을 때 다른 사람을 때리는 거 알아? 정말 아프니까 주변 사람을 때리지 않았으면 좋겠어."

품위 있게 말해요

친구에게 여러분이 웃을 때 어떤 버릇이 있는지 살펴봐 달라고 부탁해 보세요. 친구가 웃을 때의 모습도 관찰해 보세요.

나 ✎

(   ) ✎

(   ) ✎

행동 습관

23 귓속말

나 몰래 무슨 이야기를 하는 걸까요?

내 이야기를 들어 봐

예술 회관으로 음악 감상 체험학습을 하러 왔어요.

나는 지유, 연아와 함께 앉았어요.

그런데 음악회가 시작되고

지유와 연아가 귓속말로 이야기를 해요.

무슨 이야기를 둘이서만 재미있게 하는 걸까요?

지유와 연아가 무슨 이야기를 하는지

귀를 쫑긋 세워 보았지만 들리지 않아요.

혹시 내 이야기를 비밀스럽게 하는 걸까요?

음악회 연주 소리가 도무지 귀에 들어오지 않아요.

귓속말

" 귓속말은 다른 사람의 기분을 상하게 할 수 있어요. "

　선생님은 "○○랑 ○○가 제 얘기는 안 듣고 둘이서만 귓속말해요."라고 말하면서 눈에 눈물이 그렁그렁한 아이를 수없이 많이 만났어요. 물론 조용히 말해야 할 때는 귓속말이 필요해요. 하지만 꼭 필요할 때 말고는 귓속말을 하지 않는 게 좋아요.

　서로 소곤소곤 귓속말하는 사람들이 여러분에게는 무슨 이야기를 하는지 알려 주지 않는다면 어떻겠어요? 무슨 말을 주고받았는지 궁금하겠지요. '나에게 들리지 않게 말해야 하는 내용이 무엇일까? 나에 대한 안 좋은 얘기를 하나?' 하는 생각이 들지 않겠어요?

　여러 사람과 있을 때는 귓속말하지 않는 게 예의랍니다. 어떤 사람을 욕한 것도 아니고, 중요한 내용이 아니더라도 귓속말을 하는 행동 자체가 나쁜 거예요. 다른 사람을 전혀 배려하지 않는 행동이니까요.

　여러분이 귓속말하는 사람 때문에 속상하다면 이것만 기억해요. 보통은 귓속말로 주고받은 말이 별 의미 없는 내용이거나, 여러분이 모르는 게 더 좋을 때가 많아요. 여러분을 속상하게 만들고 싶어서 귓속말하는 못된 사람이 있을지도 모르지요.

무슨 말인지 알려 달라고 매달리거나 슬퍼하면 그 사람은 더 의기양양해질 거예요. 여러분의 감정을 고려하지 않고 귓속말을 주고받는 예의 없는 사람 때문에 마음을 다치는 건 쓸데없는 감정 낭비랍니다.

반복해서 여러분을 쏙 빼놓고 귓속말하는 친구들 때문에 속상하다면 울지 말고 직접 가서 눈을 똑바로 바라보면서 낮고 침착한 목소리로 말해요. "난 너희가 하는 말이 신경 쓰여. 무슨 말을 한 거야?"라고요.

이렇게 말했는데도 계속 귓속말하고 여러분에게 말해 주지 않는다면, "다른 사람이 있는 데서 귓속말하는 건 예의 없는 행동이야. 더는 너의 귓속말에 관심 두지 않을 테니 너희끼리 편하게 얘기해."라고 확실하게 얘기하세요. 그리고 여러분 혼자 더 재미있게 책을 읽거나 놀아 보세요. 슬그머니 그 친구들이 여러분과 함께 놀고 싶어서 다가올지도 몰라요.

품위 있게 말해요

여러분을 빼놓고 귓속말하는 친구 때문에 속상했던 적이 있나요? 어떤 생각이 들었나요? 여러분이 귓속말했던 적은요? 그 모습을 본 다른 친구의 마음은 어떠했을지 생각해 보세요.

24 의견 대립

"이제 너랑 안 놀 거야!" 친구와 싸운 뒤 우울해요

내 이야기를 들어 봐

학급 자치회의 시간이었어요.

오늘 주제는 '친구의 별명을 불러도 좋은가?'예요.

내 이름은 은지라서 친구들이 은갈치라고 불러요.

같은 반 한별이는 별이라고 부르고요.

나는 친구의 별명을 불러서는 안 된다고 생각해요.

그런데 한별이는 찬성 의견을 펼쳤어요.

내가 별명으로 불리는 걸 싫어한다는 것도 알면서요.

나는 너무 화가 나서 한별이에게

"이제 너랑 안 놀아!" 하고 소리쳤어요.

한별이와 싸우고 나니 마음이 많이 우울해요.

사람마다 생각이 다를 수 있음을 이해하고 받아들여요.

형제자매와 싸운 적이 있나요? 부모님이 여러분의 마음을 몰라줘서 속상했던 때도 있지요? 부모님 두 분도 의견이 맞지 않아 티격태격하시기도 해요. 가족끼리도 싸우고, 서로의 말과 행동 때문에 서운할 때가 종종 있지요. 그러니 친구랑 싸우는 건 어찌 보면 당연한 일이에요.

친구와 싸우면 기분이 정말 나빠요. 특히 나와 친한 친구랑 의견이 맞지 않으면, '어떻게 네가 나한테 그럴 수 있어!' 하고 더 서운하고 화가 나요. 그럴 때는 '나를 가장 사랑하는 부모님도 내 마음을 몰라줄 때가 있는데, 친구가 내 마음을 다 알아주기는 어렵겠지.' 하고 생각해 보세요. 그럼 훨씬 슬기롭게 문제를 해결해 나갈 수 있어요.

사람마다 외모가 다른 것처럼, 다른 생각과 의견을 가질 수 있다는 것만 기억하면 불필요하게 다투거나 화낼 일이 없어질 거예요. 자리를 피할 수 있으면 화가 나기 시작할 때 바로 그 자리를 떠나요. 어른도 홧김에 한 말과 행동 때문에 나중에 후회하는 사람이 정말 많아요. 순간적으로 화가 날 때는 잠시 마음을 가다듬고 '여기서 내가 화를 내서 나쁜 말이나 행동을 하면 어떻게 될까?' 하고 생각해 보세요.

선생님은 "너랑 다신 안 놀아" 하고 돌아서고는 한 시간도 채 안 돼서 친구 주변을 빙빙 도는 아이들을 많이 봤어요. 차분하게 생각하고 그만 놀자고 말해도 늦지 않아요.

선생님이 기억하려고 노력하는 명언을 여러분에게도 알려 주고 싶어요. "행복할 때 약속하지 마라. 화났을 때 답변하지 마라. 슬플 때 결심하지 마라."

품위 있게 말해요

아래 다섯 가지 질문에 '예' 또는 '아니요'로 답해 보세요.

❶ 하루에 한 번 이상 친구와 다투거나 화를 내나요?
❷ 홧김에 한 말로 자주 친구에게 상처를 주거나 어른에게 혼나나요?
❸ 내 의견에 따르지 않는 친구가 미워서 괴로울 때가 많은가요?
❹ 한 친구와 일주일에 3번 이상 싸우나요?
❺ 나와 친한 친구와 놀려면 그 친구가 하자는 대로 해야 하나요?

다섯 가지 질문에 세 번 이상 '예'라고 답했다면, 여러분이 좀 달라져야 해요. 특히 ❶~❸번에 '예'라고 답한 사람은 화를 쉽게 내지 않기 위해 노력해야 하고, ❹~❺번에 '예'라고 답한 사람은 그 친구와 계속 가까이 지내야 할지 고민해 봐야 해요.

25 거절과 배려

친구의 제안에 싫다고 말해도 되나요?

내 이야기를 들어 봐

정말 친해지고 싶은 친구가 있어요.

단비는 친구들한테 인기가 많아요.

A

그런데 단비가 같이 영어학원에 다니자고 했어요.

그 말을 듣는 순간 뛸 듯이 기뻤지만

나는 엄마랑 집에서 영어 공부를 해요. B

엄마랑 공부하는 게 참 재미있거든요.

C

하지만 친구의 제안을 거절하면

영영 멀어질까 봐 걱정돼요.

D

거절과 배려

" 무리한 부탁이나 옳지 않은 일은 거절하는 것이 현명해요. "

거절하는 건 참 어려워요. 부모님과 함께 인터넷 검색창에 "거절하는 법"을 입력해 보세요. 많은 책과 방법이 나올 거예요. 그만큼 거절은 어른에게도 참 힘든 일이랍니다. 특히 여러분이 친해지고 싶은 친구가 제안한 일이라면, 거절하기는 더 어렵겠지요.

하지만 너무 걱정하지 말아요. 좋은 친구는 여러분이 거절했다고 해서 여러분과 멀어지지 않으니까요. 혹시 자기의 부탁을 들어주지 않았다는 이유로 여러분에게 화를 내고, 여러분을 욕하는 친구가 주변에 있나요? 그럼 지금 당장 그 사람에게서 도망쳐요. 친해지려고 하지 말아요. 인기나 외모는 좋은 친구의 조건이 아니에요. 여러분의 의견과 감정을 이해하고 존중하는 친구가 진짜 친구랍니다.

친구가 어떤 일을 제안했을 때, 먼저 그 일이 옳은지 판단하세요. 생각 없이 친구가 하자는 대로 했다가는 여러분도 모르는 사이에 나쁘거나 위험한 길로 빠질 수 있어요.

여러분이 들어줄 수 없는 일이라면, 미안한 감정에 휩쓸리지 말고 여러분의 상황을 담담하게 말해요. 바로 대답하기 어려우면, 부모님과 상의할 시간을 달라고 하세요. 무조건 안 된다고 하면 친구의 마음이 다칠 수도 있으니 상대방에게 이유를 분명히 설명하세요.

여러분이 신중하게 결정해서 거절했는데도 친구가 계속 조르더라도 흔들리면 안 돼요. 처음에 거절했다가 친구가 졸라서 마지못해 들어주면, 여러분의 말에 힘이 없어져요. 여러분을 더 자기 마음대로 휘두르려고 계속해서 귀찮게 할지도 몰라요.

옳은 일이 아니면 바로 거절하기. 부모님이나 선생님과 상의하기. 친구의 마음을 배려하며 솔직하게 말하기. 계속 조른다는 이유로 부탁 들어주지 않기. 꼭 기억하세요!

품위 있게 말해요

학원에 같이 다니자는 친구에게 여러분은 뭐라고 거절할래요?

궁금한 게 있어요!
모든 사람과 친해질 수는 없어요!

무슨 일이든 의견이 달라 서로 부딪치고, 괜히 미운 마음이 드는 친구가 같은 반에 있나요? 자기가 필요할 때만 나를 찾는 친구나, 만나기만 하면 여러분의 마음에 상처를 주는 친구가 있을지도 몰라요.

모든 사람과 친하게 지내려고 힘들게 노력하지 않아도 돼요. 여러분과 맞지 않는 사람을 '교실을 같이 쓰는 또래'라고 생각하고, 서로 예의만 지켜요. 그 사람에게 무조건 맞추려고도, 여러분에게 그 친구를 맞추려고도 하지 마세요.

이해가 안 되는 친구가 있다고요? 그럴 때는 '이런 사람도 있구나.' 하고 그 친구를 그대로 받아들이세요. 이 세상에는 정말 다양한 생각과 의견을 지닌 사람이 많으니까요.

아직 여러분과 마음이 통하는 친구를 만나지 못했을 수도 있어요. 선생님도 단짝 친구가 없어서 외로워했던 적이 있어요. 화장실까지

붙어 다니는 친구들이 부러웠어요. '나한테 문제가 있나?' 하고 의기소침해지기도 했고요.

그러다 내가 멋진 사람이 되면, 좋은 친구가 저절로 생길 거라는 선생님의 조언을 듣고 달라졌어요. 친구들을 친절하게 대하고 선생님께 예의 바르게 행동했어요. 단짝이 없어도 즐겁게 시간을 보낼 방법을 찾았어요. 나에겐 소중한 가족이 있으니, 그것만으로도 행복하다고 생각했어요. 그런 나의 모습을 좋게 봐준 친구들이 다가왔고, 몇십 년이 지난 지금도 반갑게 만나 속마음을 전하는 진짜 친구들을 사귈 수 있었어요.

다름을 존중하면서, 알맹이가 꽉 찬 멋진 사람이 되어 보세요. 다가오는 사람이 많아질 테고, 마음을 터놓을 수 있는 진짜 친구를 만나게 될 겁니다.

➡ 어떤 친구를 사귀어야 할지 생각해 봐요.

• 좋은 친구는 어떤 친구일까요?

• 나쁜 친구는 어떤 친구일까요?

- 여러분은 어떤 친구가 되고 싶나요?

- 친구가 없어도 혼자서 즐겁고 보람 있게 시간을 보낼 방법을 떠올려 보세요.

26 따돌림

게임에 안 끼워 주겠다는 친구의 말에 속상해요

내 이야기를 들어 봐

"나는 게임에서 공격을 잘해요.
그런데 승우는 방어를 잘 못해요.
자꾸만 같이 게임하자고 해서 끼워 줬는데
게임 못하는 친구는 우리 팀에 오지 않았으면 좋겠어요."

"나는 게임을 좋아해요.
게임에서 나의 역할은 방어예요.
하지만 방어에 실패할 때가 많아요.
친구들이 저 때문에 졌다며
게임에서 빠지라고 해서 너무 속상해요."

누군가가 따돌릴수록
더 자신 있게 행동해요.

재미있게 노는 친구들을 보면 나도 끼고 싶은데, 끼워 달라고 말하기가 부끄러울 때가 있어요. 용기를 내서 같이 놀자고 해도 "너는 이거 모르잖아.", "예전부터 같이 하던 사람이 있어. 넌 안 돼.", "넌 잘 못하니까 안 끼워 줄 거야." 하고 따돌리는 친구를 만날지도 몰라요.

그렇게 따돌리는 친구에게는 말을 많이 할 필요가 없어요. 혹시 그런 이유로 여러분을 따돌리는 친구를 만나면 반응하지 마세요. 슬프고 화도 나겠지만, 최대한 덤덤하게 행동하세요. 그 친구랑 놀기 위해 억지로 노력하지 말고, 여러분이 잘하는 일을 찾으려고 노력하세요.

기회가 될 때마다 친구들에게 여러분이 잘하는 일을 보여 주고 친절하게 말해요. 글씨를 잘 쓰나요? 그럼 수업 시간에 글씨를 더 정성껏 쓰세요. 어쩌면 선생님이 여러분의 글씨를 보고 크게 칭찬하실 거고, 그럼 다른 친구들이 여러분에게 관심을 가지고 다가갈 거예요. 종이접기를 잘하나요? 색종이로 멋지게 미니카를 만들어 보세요. "우와, 네가 만들었어?" 하고 여러분에게 다가오는 친구가 생길 거예요.

누군가가 여러분을 일부러 따돌리는 것 같나요? 그럴수록 더 자신 있게 또박또박 말하고 행동하세요. 자기 말을 잘 들으면 끼워 준다거나, 무언가를 요구하면서 같이 놀겠다는 친구의 제안은 단호하게 거절하세요. 친구가 아니라 심부름꾼이 필요해서 손을 내민 거니까요.

  마음이 건강한 사람은 다른 사람을 따돌리지 않아요. 다른 사람을 따돌리는 사람은 다른 사람을 다스려야 자기가 강하다고 느끼는, 마음이 병든 사람이에요. 그런 못난 사람과 친해지려고 노력하지 말아요. 여러분은 세상에서 가장 소중한 사람이니까요.

품위 있게 말해요

여러분은 스마트폰 게임을 하고 싶지 않은데
친구들이 게임을 해야 같이 놀겠대요.
억지로라도 그 친구들을 위해 게임을 해야 할까요?
이럴 때는 어떻게 말해야 할까요?

궁금한 게 있어요!

나를 괴롭히는 친구가 있다면?

혹시 학교나 학원에서 여러분을 괴롭히는 사람이 있나요? 잘못한 것도 없는데 괜히 여러분을 놀리고, 다른 친구들에게 여러분에 관한 나쁜 소문을 퍼뜨려서 따돌리는 사람이 있을지도 몰라요. 흔히 '학교 폭력'이라고 불리는 행동을 하는 사람이 여러분 주변에 있을 수도 있어요. 여러분이 학교 폭력을 당하고 있다면 이렇게 해 보세요.

❶ **똑같이 못된 사람이 되지 말고 선생님과 부모님께 말씀드리세요.**

누군가 이유 없이 나를 자꾸 놀리면 똑같이 못되게 굴거나 한 대 때려 주고 싶은 마음이 들기도 하지요. 하지만 늘 행동하기 전에는 이 행동으로 다음에 어떤 일이 일어날지 먼저 차분히 생각해 봐야 한다는 점을 기억하세요. 혼자 해결하려고 하지 말고 선생님과 부모님께 말씀드려요. 여러분을 기꺼이 도와주실 거예요.

❷ **작은 놀림이나 괴롭힘은 무시하세요.**

괴롭힘을 당하는 사람의 반응을 보는 게 재미있어서 다른 사람을 괴롭히는 나쁜 사람이 있어요. 화나고 어이없지만 일단 무시해 보세요. '너는 소중한 나를 무너뜨릴 수 없어.'라는 마음으로 당당하게 행동해요.

❸ **자신감 있게 행동하세요.**

여러 명이 한 명을 괴롭히거나, 힘이 세 보이는 아이가 괴롭히면 괜히 주눅이 들 수도 있어요. 하지만 정말 강한 사람은 힘을 모아 한 명을 괴롭히지 않아요. 자존감이 낮고 마음이 병든 사람이 다른 사람을 괴롭히면서 즐거움을 찾지요.

그런 가치 없는 사람 때문에 흔들리지 않겠다고 굳게 마음을 먹어요. 여러분이 잘하고 좋아하는 일을 찾아 성실하게 해내세요. 자신감 있는 여러분의 모습을 보면 슬금슬금 도망칠 겁니다.

➡ 학교 폭력에 똑똑하게 대처하는 방법을 알아보아요.

• 여러 친구가 함께 있는 문자 메시지 방에서 친구들이 갑자기 한 친구를 욕하기 시작했어요. 여러분은 어떻게 해야 할까요?

선생님의 도움말

아무 말도 하지 않았다고 해서 잘못이 없는 건 아니에요. 학교 폭력을 말리지 않고 가만히 있는 것도 친구를 함께 괴롭히는 거니까요. 당장 그 방에서 나오고, 선생님과 부모님께 그 사실을 알리세요.

- ○○랑 싸워서 홧김에 "○○랑 놀지 마!" 하고 친한 친구 몇 명에게 얘기했어요. 이것도 학교 폭력일까요?

선생님의 도움말

직접 괴롭히지 않더라도 여러 명이 한 명을 무시하고 같이 놀지 않는 것만으로도 집단 따돌림이랍니다. 여러분이 그 친구라고 생각해 보세요. 나와 싸우지도 않은 친구들이 이유 없이 날 무시하면 마음이 아프겠지요?

27 목소리 예절

왜 장소에 따라 목소리를 달리 내야 하나요?

내 이야기를 들어 봐

쉬는 시간 종이 울리자 우리는

복도로 우르르 나갔어요.

이얍~~ 얍~~

복도에서 딱지치기는 정말 재미있어요.

선생님이 나오셔서 조용히 해 달라고 하셨어요.

우리가 복도에서 신나게 노는 소리가

옆 반 교실까지 들렸나 봐요.

형, 누나들이 시험을 보는데

방해되었다고 생각하니 부끄러웠어요.

" 말을 하는 상황과 내용에 맞게 목소리의 크기를 조절해요. "

"제발, 너희가 쉬는 시간에 친구랑 얘기하는 목소리로 발표해 줄래?"

선생님이 우리 반 학생에게 자주 하는 부탁이에요. 여러분도 한 번쯤은 들어 봤을지도 몰라요. 발표할 때는 바로 옆 사람도 안 들릴 정도로 개미만 한 목소리로 얘기하면서, 쉬는 시간에 친구랑 얘기할 때는 옆 반까지 들리도록 쩌렁쩌렁하게 말하는 건 이상한 일이지요.

설마 여러분도 작은 목소리로 발표하다가 친구와 단둘이 이야기할 때는 교실에 있는 모든 사람에게 들릴 정도로 크게 말하는 건 아니겠지요?

발표할 때 여러분의 목소리가 너무 작으면 친구들은 여러분의 말을 못 알아들으니 답답할 거예요. 발표에 집중도 안 되고요. 반대로 여러분이 소곤소곤 작게 말해야 할 때, 너무 크게 말하면 어떨까요? 듣는 사람은 귀도 아프고, 여러분을 다른 사람을 배려하지 않는 사람으로 여길 겁니다. 들을 필요가 없고, 듣고 싶지도 않은 말은 소음일 뿐이니까요. 여러분의 말이 자주 소음처럼 들린다면, 여러분이 중요한 말을 할 때도 사람들은 귀 기울여 듣지 않겠지요.

대학수학능력시험의 듣기 평가 시간에는 비행기가 이착륙하지 않아요. 중요한 시험을 보는 학생을 배려하기 위해서지요. 여러분이 시험을 보는 학생이라면, 비행기 운항까지 멈추어 가며 여러분을 배려하는 온 국민에게 고마운 마음이 들지 않을까요?

　반대로, 시험장에서 고함을 지르는 사람이 있다고 생각해 보세요. 그저 재미있는 일이 있어서 크게 웃었을 뿐이라고 변명해도 그 행동이 옳다고 생각하는 사람은 없을 겁니다.

　여러분의 행동이 다른 사람에게 피해를 주지 않을지 곰곰이 생각하세요. 말을 하는 상황과 내용을 고려해서 목소리의 크기를 정해 보세요.

품위 있게 말해요

프랑스의 「인간과 시민의 권리 선언★」(1789)에 나온 '자유'의 의미를 소개할게요. 잘 읽어 보고, 평소 여러분의 목소리 크기를 어떻게 조절해야 할지 말해 봅시다.

4조 자유란 타인에게 해롭지 않은 모든 것을 행할 수 있는 것이다.

★「인간과 시민의 권리 선언」: 사람이 누릴 수 있는 권리를 보장하기 위한 선언

28 문자 예절

친구가 문자 메시지에 답을 안 해요

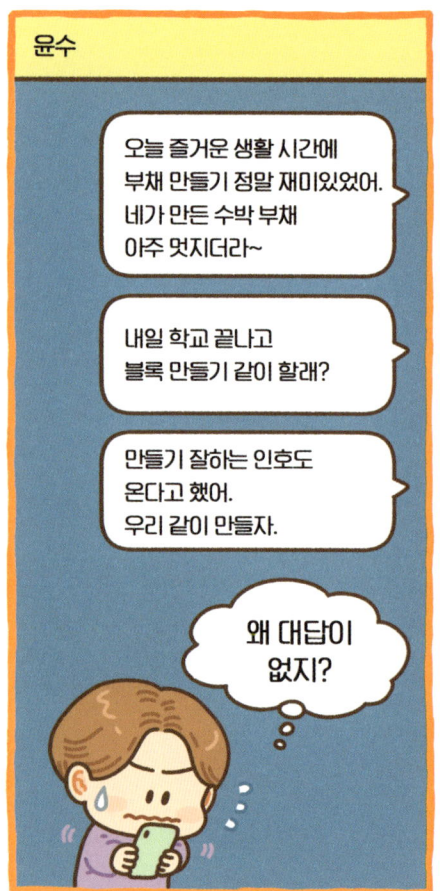

내 이야기를 들어 봐

오늘 미술 시간에 윤수가 만든 수박 부채는

정말 멋지고 시원했어요.

윤수에게 학교 끝나고

만들기를 같이 하자고 문자를 보냈어요.

그런데 한참이 지나도 답장이 오지 않아요.

언제쯤 답이 올까 기다려요.

윤수에게 무슨 일이 있는 건 아닐까 걱정돼요.

설마 내가 보낸 문자에만

답을 안 하는 것은 아니겠지요?

문자 예절

실제로 만나서 대화한다고 생각하고 문자 메시지를 주고받아요.

문자 메시지는 전화보다 훨씬 쉬워요. 대화 내용을 나중에 다시 찾아볼 수도 있고, 말로 하기 어려운 이야기도 바로 전달할 수 있으니 편리하지요.

하지만 문자 메시지도 대화라는 걸 잊지 마세요. 부모님의 허락 없이 낯선 사람과 직접 만나서 대화하지 않는 것처럼 문자 메시지도 그래요. 여러분이 평소에 직접 만나는 사람에게만 문자 메시지로 연락하세요. 낯선 사람에게서 메시지가 오면, 바로 부모님이나 선생님께 보여 드려요.

문자 메시지를 주고받을 때는 서로의 얼굴이 보이지 않아서 예절을 잊기가 쉬워요. 직접 얼굴을 맞대고 할 수 없는 말은 문자 메시지로도 하면 안 돼요. '보내기' 버튼을 누르기 전에 소리 내어 한 번 더 읽어 봐요. 상대가 오해할 만한 내용은 없는지, 알맞은 낱말을 사용했는지 점검해야 해요.

문자 메시지를 보냈는데 답장이 안 오면 고민을 하게 되지요. 상대방이 내 말을 잘 이해했는지, 내가 한 말이 혹시 상대방의 기분을 나쁘게 했는지, 상대방에게 무슨 일이 생긴 건 아닌지 등 온갖 상상을 하게 될 수 있어요.

여러분이 문자 메시지를 보낸 사람이라면, 우선 "시간 될 때 연락해." 하고 대화를 끝내고 여러분의 신경도 함께 끄세요. 여러분이 문자 메시지를 받았는데 바로 대화하기 어렵다면, "나중에 연락할게." 하는 짧은 답이라도 보내 주세요. 그마저도 어려우면 시간이 날 때 연락해서 답을 못 해 미안하다고 말하세요.

문자 메시지 예절을 지키는 일은 참 쉬워요. 실제로 상대방을 만나 대화한다고 생각하고 문자 메시지를 주고받으면 되거든요. 그럼 위험할 일도, 마음 상할 일도 훨씬 줄어들 거예요.

품위 있게 말해요

문자 메시지의 내용만큼 중요한 건 문자 메시지를 주고받는 시간이에요.
문자를 보내기 전에는 아래 내용을 점검해 보세요.

❶ 너무 이르거나 늦은 시간은 아닌가?
❷ 내가 지금 다른 사람과 함께 있는데 문자에만 집중하는가?
❸ 문자 메시지를 주고받는 일이 중요한 일(수업 시간 등)을 방해하고 있지는 않은가?

슬기로운 어린이로 자라는 28가지 말 이야기
아홉 살 말 습관 사전  학교생활

초판 1쇄 인쇄 2021년 6월 18일
초판 2쇄 발행 2021년 7월 14일

글 윤희솔, 박은주 **그림** 헬로그
펴낸이 김선식

경영총괄 김은영

책임편집 권예경 **크로스교** 조세현 **책임마케터** 유영은
콘텐츠사업7팀장 이여홍 **콘텐츠사업7팀** 김단비, 권예경
마케팅본부장 이주화 **마케팅3팀** 이미진, 박태준, 유영은
미디어홍보본부장 정명찬 **홍보팀** 안지혜, 김재선, 이소영, 김은지, 박재연, 오수미, 이예주
뉴미디어팀 김선욱, 허지호, 염아라, 김혜원, 이수인, 임유나, 배한진, 석찬미
저작권팀 한승빈, 김재원
경영관리본부 허대우, 하미선, 박상민, 권송이, 김민아, 윤이경, 이소희, 이우철, 김재경, 최완규, 이지우, 김혜진
외부스태프 디자인 ALL design group

펴낸곳 다산북스 **출판등록** 2005년 12월 23일 제313-2005-00277호
주소 경기도 파주시 회동길 490 다산북스 파주사옥
전화 02-704-1724 **팩스** 02-703-2219 **이메일** dasanbooks@dasanbooks.com
홈페이지 www.dasanbooks.com **블로그** blog.naver.com/dasan_books
종이 IPP **인쇄** 갑우문화사 **후가공** 제이오엘앤피 **제본** 대원바인더리

ISBN 979-11-306-3847-8 (74190)   979-11-306-3846-1 (74190) (세트)

• 책값은 뒤표지에 있습니다.
• 파본은 구입하신 서점에서 교환해드립니다.
• KC마크는 이 제품이 공통안전기준에 적합하였음을 의미합니다.
• 이 책은 저작권법에 의하여 보호를 받는 저작물이므로 무단 전재와 복제를 금합니다.

다산북스(DASANBOOKS)는 독자 여러분의 책에 관한 아이디어와 원고 투고를 기쁜 마음으로 기다리고 있습니다 .
책 출간을 원하는 아이디어가 있으신 분은 다산북스 홈페이지 '원고투고'란으로 간단한 개요와 취지, 연락처 등을 보내주세요.
머뭇거리지 말고 문을 두드리세요.